着任準備から
引き継ぎまで

スクール
カウンセラーの

業務徹底
解説セミナー

田多井正彦 [著]

遠見書房

はじめに

近年のスクールカウンセラーをめぐる話題

スクールカウンセリングをとりまく問題

　日本におけるスクールカウンセリングは平成7（1995）年から始まりました。そろそろ30年を迎えようとしています。尊敬する先人達と現在スクールカウンセラーとして活動している我々の積み上げてきた成果としてこの30年の歩みはある，と言えるでしょう。（以下，「人物や制度としてのスクールカウンセラー」をSCと略します）

　そのような中，ここ数年，SCに対する問題点がいくつかネット上で話題になりました。

　まずは2022年4月29日の産経ニュースに，『「スクールカウンセラーは助言を」　文科省が全国教委に要請』という記事が掲載されました。

　内容を要約しますと，保護者への助言や教師と情報共有を行わず，チーム学校として機能していないSCがいるという指摘です。要因として，臨床心理士の「助言しない」古典的な面接技法にこだわり，またそれしかできないSCがおり傾聴や共感のみにとどまっているということです。それは相談者の期待を裏切ってしまい，税金を使っている以上，不登校の減少という目に見える結果を示すべきであり研修により力を入れてほしい，ということでした。

　この記事はSCあるいは心理職のX（旧Twitter）等SNSでも話題になり，さまざまな意見や感想が出ました。耳が痛いと記事の指摘を正面から受け止める人もいたでしょうし，反論のある人もいた

でしょう。

　もうひとつ，最近ネット上の話題となったSC関連では，2020年の心理職ユニオン（労働組合）の活動開始とその心理職ユニオンが2021年に東京都のSCの労働実態についてアンケート調査を行ったことが挙げられます。心理職ユニオンによると都のSCに対してこのような調査が行われたのは初めてだそうです。その結果，都SCの年齢や性別，臨床経験年数などと共に，SCのかかえるストレス要因，残業時間，持ち帰り仕事の有無，雇用形態の問題が明らかになりました。そして，都SCのストレス要因として一番多く選ばれたのは,「雇用の不安定さ」だったとのことです。その他，管理職の評価のみで採用が左右される点や社会保障のないことなども，ストレスや不安として挙げられていました。

　実は，このような問題はここ数年に生じたわけではなく，もう数十年前から指摘されていたことのようです。しかし，インターネット，特にSNSの発展によって，SC事情に詳しい教育行政やSC事業に長年取り組んできた大学の先生方以外にも広まることになったのが，ここ数年なのだと思います。

　また不登校の人数や心の病での教職員の休職が激増していることもあるでしょう。そのような情勢で，スクールカウンセリングの効果や意義，そしてSC自身のストレスに注目することも重要になってきているのだと思います。（令和6年度の東京都SCの採用に関し，多くのSCが不採用（雇止め）になった問題は「あとがき」で触れます）

オンライン時代のSCの研修会

　さて，SCあるいは心理職のX（旧Twitter）でも話題，インターネット，SNSの発展，という表現をしましたが，近年のSCを考える上でも，やはりそれらは欠かせません。とはいえ，スクールカウンセリングでオンライン面接やSNS相談を行っているSCはまだ少

はじめに

ないと思われます。

　双方向のインターネット環境の整備が大きな影響を及ぼしているのは，我々専門家の研修や連絡会のようです。新型コロナウイルスの影響もあり，心理士（師）の研修会のオンライン化が急速に発展しました。コロナ禍後に集まって対面して行う研修会が可能になっても，オンラインのメリットは残るので，これからもオンライン研修が開催される流れは変わらないでしょう。

　著者も前著『学校では教えないスクールカウンセリングの業務マニュアル』（遠見書房）を受けたオンライン研修を2022年から行うようになりました。きっかけは，（株）メディカルリクルーティング様からのオンラインセミナーの提案でした。2022年8月28日に，「初学者向けSCセミナー〜学校では教えない業務のコツをわかりやすくまとめました〜」を開催しました。こちらのセミナーが幸い好評だったようで，引き続き2023年には全10回，通年のオンラインセミナー「スクールカウンセリング超実践道場2023」を開催いたしました。2024年には，1学期の活動にテーマを絞るという珍しいセミナー「これで安心！　失敗したくないSCのための1学期業務マニュアル2024」を開催しています。

　今後も，オンラインのメリットを活かしたセミナーや研修会が多く開かれていくでしょう。2人以上で行う身体技法の体験ができない点や対面による空気感，雰囲気が伝わらないというデメリットもあり，またケースを扱ううえでのセキュリティ上の問題もありますが（臨床心理士資格更新ポイントの減算という内部事情の問題もあります），自宅やオフィスで参加できる，録画公開すれば当日参加できない人も受講できるという，講師，受講者双方にとってのメリットはとても大きいものです。講師としての立場からの感想ですが，内容や熱量は対面と変わらず実施できた気がします。

はじめに

本書のねらい

さて,本題です。今回,上記したオンラインセミナーをまとめ,なるべく当時のセミナーそのものを聴いていただけるような逐語録的な本を目指して執筆しました。セミナーでは,産経ニュースの記事や心理職ユニオンのアンケート結果を強く意識してはいませんでしたが,SCの活動を有効かつ合理的に進められるように,ただ傾聴と共感だけではないSC技法,多(他)職種連携,そして雑務を楽にこなして残業やストレスをためない業務のコツについてお話しました。本書も同様のねらいで書かれています。前著で取り上げた「SCだよりの作り方」「授業観察」「予算の使い方」と合わせてお読みいただければ,SC業務の大半,とくに臨床以外の雑務に関しては,だいたいカバーできるかと思います。

また,筆者のセミナーの特徴として,1年間の勤務の流れを説明し,各時期でやるべき業務やその特徴,コツを解説しています。本書もセミナー同様にSC業務を細かく時期に分けて,学生やまだSCになっていない方,初心者等がSCの仕事の流れについてイメージしやすく,勤務開始してからも各時期,各タイミングで確認していただけるような構成となっています。私は合理的とは良い意味で楽,という風にとらえています。なるべく無駄を省いて楽にSC活動をやっていきたいと思っています。手抜きでなく合理的に。売り手よし,買い手よし,世間よし,という近江商人の言葉がありますが,SCよし,相談者(児童・生徒,保護者)よし,学校(世間)よし,を狙いましょう。

また,SC(を志す方々)は臨床面については大学院,研修会,学会,SV(スーパーヴィジョン)で学んできていると思います。本書では,日々の業務も含めてOJT(オン・ザ・ジョブ・トレーニング)的な面も学んでいきたいと思います。前著『学校では教えないスクールカウンセラーの業務マニュアル』もその目的で書いていて,あ

ちらではあえて臨床面は書かずイラストカット集をつけたんですが，今回は臨床面も後半で触れたいと思います。

　なので，第1部はそういったことをやりまして，第2・3部は臨床面の解説をします。

　SCを目指す大学生，大学院生，初心のSC，他の分野での経験があるがSCの経験が少ない心理職，SCの業務を理解したい学校・教育関係者，といった方々にとってお力になれる本になっていれば幸いです。

　なおセミナーでは参加者との質疑応答もあり，当時の質疑応答もいくつか掲載しています。質問者はもちろん匿名ですが，許可を取って掲載しています。

　それでは，さっそく講義を始めましょう。

文　　献

田多井正彦（2021）学校では教えないスクールカウンセラーの業務マニュアル―心理支援を支える表に出ない仕事のノウハウ．遠見書房．

産経新聞：〈独自〉「スクールカウンセラーは助言を」　文科省が全国教委に要請」（2022年4月29日）．産経ニュース．https://www.sankei.com/article/20220429-5ELXL64IJZOANOMHYVFSMVCYQ4/（2024年4月1日最終閲覧）

心理職ユニオン．東京都スクールカウンセラー労働実態調査報告．https://www.shinrishiunion.org/about-1（2024年4月1日最終閲覧）

　　＊本書掲載のイラストは，手書きのものをのぞいて，すべて，田多井正彦『学校では教えないスクールカウンセラーの業務マニュアル―心理支援を支える表に出ない仕事のノウハウ』（遠見書房）から利用しています。

目　次

はじめに　3

第1部
スクールカウンセラーの雑務徹底解説

第1章　着任の準備をしよう！　……………14
1．心の準備（心構え）　14
2．SCと他の心理職の違い　16
3．自分独自の特徴・傾向　18
4．物の準備　20
5．情報収集　23

第2章　着任からの流れ（雑務編）　………　26
1．SC業務の流れ（雑務編）　26
2．勤務初日から早いタイミングでやるべきこと　29
3．情報収集とアセスメント　44

4．学年末にやること **49**

　　　5．雑務の徹底解説：結論 **51**

第2部
スクールカウンセラーの臨床業務徹底解説

第3章　臨床業務の流れ …………………… 54
　1学期 **55**
　2学期 **56**
　3学期 **56**

第4章　臨床業務各論 …………………… 58
　1．多（他）職種連携と守秘義務 **58**
　2．アセスメント **68**

第5章　面接業務 …………………… 74
　1．児童・生徒面接のコツ **74**
　2．保護者面接のポイント **87**
　3．事前確認事項の重要性 **95**

第3部

事例編

第6章　児童・生徒面接の架空事例 ……… 101

　1．架空事例①　101

　2．架空事例②　105

　3．架空事例③　109

　4．架空事例④　115

　5．架空事例⑤　121

第7章　保護者面接の架空事例 ………… 128

　1．架空事例⑥　128

　2．架空事例⑦　133

　3．架空事例⑧　137

　4．架空事例⑨　141

　5．架空事例⑩　147

第8章　学校内外連携の架空事例 ………… 152

　1．架空事例⑪　152

　2．架空事例⑫　153

　3．架空事例⑬　156

　4．架空事例⑭　158

　5．架空事例⑮　163

目　次

第9章　最後に
　──SCに必要なパーソナリティあるいは姿勢 … 167

第10章　質疑応答 …………………………… 170

　あとがき　182
　索　　引　185

第 1 部

スクールカウンセラーの雑務

徹底解説

第1章

着任の準備をしよう！

　さあ，まずは SC として勤務するための，着任の準備についてお話しします。

〈心の準備（心構え）〉

　準備には必要な物を準備するだけでなく，心の準備，あるいは心構えというものがありますね。最初に心の準備について考えてみましょう。

1．心の準備（心構え）

・SC の役割，業務内容，独自性を理解しておく
・そのうえで，できることとできないこと，忙しさ，自分の得意・不得意，等々を知る（臨床面だけでなく，たとえば管理職との関係，雑務，自分のストレス耐性，倫理観，等々）

　まずは，SC の役割，業務内容，そして独自性について理解しておくことが大事だと思います。そのうえで，自分のできること・できないこと，自分の得意・不得意を知っておくこと。これは面接技法等の臨床面だけでなく，たとえば管理職との関係とか倫理観，また自分がどんなストレスに強いのか弱いのか，雑務面での得意と苦手も知っておく必要があります。SC として勤務するうえでの臨床面／雑務面の両方において，SC 全員が知っておくべき一般的な知

識と自分オリジナルな特徴を知っておくということですね。

というわけで，SC業務の特徴について検討しましょう。

文部科学省のホームページを参考に抜粋してまとめました。

文部科学省のHPより抜粋・まとめ （下線強調　田多井）

・SCの基本的姿勢
（1）相談室で待機するカウンセリング活動
（2）<u>対象に積極的に接近するカウンセリング活動</u>
・職務内容
ア　児童・生徒へのカウンセリング
イ　<u>教職員に対する助言・援助</u>
ウ　<u>保護者に対する助言・援助</u>
・役割
1．児童・生徒に対する相談・助言
2．<u>保護者や教職員に対する相談（カウンセリング，コンサルテーション）</u>
3．<u>校内会議等への参加</u>
4．<u>教職員や児童・生徒への研修や講話</u>
5．相談者への心理的な見立てや対応
6．<u>ストレスチェックやストレスマネジメント等の予防的対応</u>
7．<u>事件・事故等の緊急対応における被害児童・生徒の心のケア</u>

　下線部強調は私です。SCの基本的姿勢とありますね。（1）の相談室で待機するカウンセリング活動はまあ当然として，（2）の対象に積極的に接近するカウンセリング活動とあります。文科省は，こういう姿勢でいてほしいと言っているわけです。というのは，たとえば，しらかば心理相談室のような開業とか病院の心理療法あるいは公的機関の教育相談は，基本的には来た方をカウンセリングするわけですね。心理療法やカウンセリングは，求められて，申し込みがあってからスタートします。しかし，SCは，申し込みのない人，

相談意欲がない人にも，こちらから接近していくカウンセリングというのがちょっと他のカウンセリングのジャンルと比べて独特となってきます。

その次，「職務内容」ですね。これも下線強調私ですが，アは当然として，イとウの教職員や保護者に対する助言・援助とあります。で，次の「役割」に「保護者や教職員に対する相談（カウンセリング・コンサルテーション）」とありますね。職務内容にあった「助言・援助」を言い換えるとコンサルテーションとなるのだろうと思います。これも SC が行う支援として重要ですね。

次の「校内会議等への参加」。教員という他の専門家，他職種と会議するというのも SC の特徴です。次の研修や講話というのも，面接室で一対一のカウンセリングという業務だけではすまないという SC の特徴ですね。それから，6．の予防的対応，これも独特なものとなってきます。7．の緊急対応も学校での危機に関して，とても大事なことですね。

2．SC と他の心理職の違い

- 多くの人にとって人生で最初に出会う心理士（師）[かしま・神田橋（2006）]
- どういう存在か理解されていない
- 症状や問題意識や困り感のない人，組織も対象となる
- 学校という独特なコミュニティ（文化圏，生活圏）に入る
- 問題が複雑で解決の方向は一つじゃない
- 相互理解が大切
- 妥協，同調，バランス，集団守秘義務，等を覚悟する必要がある
- 一人職場（がほとんど）
- 先輩や上司から SC としての OJT を受けないまま，すべてを一人で管理，実践を行わなければならない

第1章　着任の準備をしよう！

> ・臨床技法だけではなく雑務処理能力，コミュニケーション力も必要

　SC の特徴について押さえておくには，SC と他の心理職との違いを考えてみることがわかりやすいと思います。

　かしま先生と神田橋先生の著書『スクールカウンセリング　モデル100例』（創元社）のなかに，私が印象に残った言葉として「多くの人にとって最初に出会う臨床心理士」というのがあります。SC は臨床心理士だけではないので，多くの人にとって最初に出会う心理士（師）あるいはカウンセラーといってよいと思うのですが，多くの人にとって最初に出会うカウンセラーが我々ということになりますね。それは，心理士（師）やカウンセラーのイメージが，もしかしたら決まってしまうという重大な役割だと思います。

　同時に，カウンセリングってなに？　カウンセラーってどういうもの？　という風に，理解されていないケースもありました。先ほど述べたように，開業とか病院での臨床ですと，悩みや症状を抱えた方がこちらに来てくださるんですけど，SC は学校という文化圏・生活圏にこちらから入っていくんですね。なので，カウンセリングの認識がない人や問題意識や困り感のない人や組織も対象になります。そこで，バランス感覚とか相互理解，また妥協をしなきゃいけない覚悟が必要になります。一人で抱え込むのではなく，多（他）職種との連携や，自分が学んできたり馴染んできた心理臨床の理想（の活動）をあきらめ妥協を覚悟しなければならない。

　それから，一人職場ということがあります。企業とか公的な相談機関だと先輩の心理職や上司から OJT とかその職場のやり方やルールを学ぶことができるんですけど，ほとんどの場合 SC は一人職場になります。当然上司として校長先生，管理職がいらっしゃいますけど，あくまで組織の上司であって，スクールカウンセリング活動についての上司ではないんですね。入ったその日から，教育相談室，カウンセリングルームという営業所一つを任されるような感覚

になります。

　以上のSCの役割，業務内容，独特な点を踏まえたうえで，準備段階での自分独自の特徴について考えておきましょう。

3．自分独自の特徴・傾向

　以下の要素の中で，自分の得意不得意，強み弱み，そして何にストレスを感じやすいかを知っておく。
1）保護者，教職員に上手に情報提供する
2）勤務校に（少なくとも表面上は）溶け込み仲間になれるコミュニケーション力
3）教室，講堂等で大勢の前で話す
4）SCとしてのアイデンティティを失わない（学校文化になじみすぎない）力
5）教員や保護者，リファー先に任せぬく（自分で抱え込みすぎない），他者への信頼感，切り替え力，良い意味であきらめ力
6）いじめ，自傷や他害，対教師，虐待，性的な話題，等への（逆転移への）耐性
7）柔軟な見立て力（自分の流派にとらわれない，心理にとらわれない）
8）危機対応力（実際にはベテランでも動揺する。まずは知識と情報を）

　上記に弱点がある場合，研修を受ける，関連本を読んでおく，SV，教育分析を受ける等で準備しておきましょう。

　まず，保護者，教職員に上手に情報提供できるかどうか。先ほどのコンサルテーションや研修会，講演会で，ですね。

　それから，勤務校に少なくとも表面上は溶け込んで仲間になれるか。その学校の文化になじんだり，その学校の先生たちと仲良くす

第1章　着任の準備をしよう！

る力。カッコで表面上としたのは，4）のアイデンティティと関係します。

　教室や講堂等で大勢の前で話すといった能力も必要になってきます。カウンセラーになる方は一対一で密室での関係はすごく得意だけど，大勢の前に出て堂々と話すというのは苦手ですって方もいらっしゃいますが，SCになった以上は必要になってきます。この2つはまとめて，コミュニケーション力と言ってよいでしょう。

　それと矛盾もするのですが，心理職としてのアイデンティティを失わない，学校文化になじみすぎないという力も求められます。勤務校が不登校等に理解があるとは限らないし，指導が厳しい学校もあります。そういう学校に着任しても，我々は児童・生徒の気持ちによって立つ，心を大切にアプローチするというアイデンティティは失わないようにしていく必要があります。

　教員や保護者やリファー先に任せぬく。言ってみれば自分で抱え込みすぎないことが必要です。この点は後でリファーについてテーマにした第4章で詳しく触れます。

　最後に，自分の個人的な弱点も気を付けなくてはいけません。一つは逆転移ですね。いじめ，自傷他害，対教師，虐待，性的な話題等については，自分が心理的にどんな弱点を抱えているか知っておくことです。たとえば，自分もいじめられていてそのいじめの体験から立ち直って，今度は子どもたちを守れるSCになろうと思った方もいるかもしれません。それはとても大事な動機ですしよいSC，臨床力につながっていくと思いますが，現場に出た時，どうしてもいじめっ子の方は理解できない，解決が遅い学校や教師に対して腹が立って腹が立ってしょうがないってなると，有効なスクールカウンセリング活動ができないかもしれません。

　自分が虐待家庭で育ってきて，親面接でどうしても親に共感できないとか子どもに過剰に共感してしまって，抱え込みすぎて切り替えやリファーする力がうまく働かないとか。対教師もそうですね，我々の世代には厳しい先生も多かったので，自分が体罰受けたとか

で教師を信用できないSCだと、チーム学校としてうまくいかないかもしれません。自傷行為や性的な話題は、一般的にタブー視されていることですので、あんまり正面から扱えず苦手という方もいるかもしれません。苦手なのはかまわないと思います。弱点のない心理士（師）なんていないですし。でも逆転移に振り回されすぎないということは心理職として大切なことです。

　柔軟な見立て力、自分の得意な流派や学んできた学派にとらわれないこともSCとしては大切です。学校現場は複雑で一つの流派ではとらえきれない事態がいっぱい起こってきますので、それにとらわれない。というか、それ以前に、心理による支援にとらわれない。心理的な問題と思われたものが、身体の疾患であったり、環境のほうに要因があったり、カウンセリングじゃなくて福祉による支援や教育による対応が必要なんじゃないかという、臨床心理学を超えた見立てもしないといけないわけですね。

　それから危機対応力ですね。2023年に学校に刃物をもった人が入ってきて先生を傷つけたという事件もありました。2024年の元旦には令和6年能登半島地震が発生しました。危機が起こったときには、どんなベテランでも動揺すると思います。危機対応するべき自分は動揺してはいけないんだ、というのはほぼ不可能です。危機状態を繰り返し経験していて慣れているという人も少ないでしょう。なので、まずは知識と情報を入れる勉強をしておくのがよいでしょう。

　弱点がある場合には、研修を受けたり、関連の本や論文を読んだり、SVや教育分析を受ける等で心の準備をしておきましょう。

4．物の準備

> 正式な書類にはないが、私の経験上必要なもの
> ・持ち歩ける認印（学校はまだハンコ文化）
> ・スーツ、ネクタイ（勤務初日やPTAでの講演会ではスーツ、

第1章 着任の準備をしよう！

> あと入学・卒業式では教員は礼服が基本）
> ・勤務の服装はいわゆるビジネス・カジュアルがお勧め
> ・上履き（脱げにくい・疲れない・安い，ものを）
> ・マイカップ，コーヒーやティーバッグ，飴，お菓子（職員室のコーヒーは有志でお金出し合っている学校もあります）
> 　＊おせっかいながら……相談室内は空調がきいていても，その他の学校施設って寒い（暑い）ですよ（廊下や体育館，校庭で観察やイベントに参加するとき）。

　心の準備の次は，必要な物の準備について考えてみましょう。採用時や勤務前にもらえる手続き書類や手引きに絶対必要なものは書いてあると思いますので，そういった正式な書類には書いていないけれど私の経験上必要な物，あったらよい物について，リストアップしてみました。ちょっとおせっかいというかくだらないと思われるものもあるかもしれませんが，参考にしてみてください。

　まずは認印です。学校ってまだハンコ文化なんですね。出勤簿に押したり，起案をするときに作成した文書に押したりします。そしてシャチハタは不可となってたりします。あ，持ち歩けるというのは，わかってるよと言われるかもしれませんが，銀行印などは持ち歩かない方がいいよってことです。なので，余分な認印を持っていない人は着任前に専用のものを作ったほうがよいかもしれません。

　それからスーツと男性はネクタイ。勤務初日とかはスーツのほうがよいです。あと，入学式や卒業式では，担任は礼服です。担任でない人もスーツをしっかり着ているので，出席するときは最低限スーツです。学校の先生ってこの辺すごくしっかりしていますね。ジャージ姿で授業している先生も，保護者面談とか保護者会のときはかちっとスーツに着替えて出てきます。普段の服装はいわゆるビジネス・カジュアルがお勧めです。襟付きシャツね。スカートはやめたほうがよいと思います。なぜなら，まれにですが，取っ組み合いすることがあります（笑）。危機管理上，窓から飛び降りようとした

第1部　スクールカウンセラーの雑務：徹底解説

り，学校外に（道路に）走って出ていこうとしたり，他の子へ暴力する子を止めないといけないので。

　上履きも，教育委員会からくる正式な書類には書いてないと思いますが，当然必要です。蒸れにくい，疲れにくい，安いもの（笑）。スリッパはやめたほうがよくて，靴タイプの方がよいです。理由は，スカートをやめたほうがよいのと同じ。飛び出した子を追っかけたり後についていったりしてそのまま外に出ることもまれにあるからです。パニックで飛び出した子はあまり追っかけまわさないほうがよいのですが，ただ危険がある場合はやむを得ないです。校門乗り越えて車にひかれちゃったというのは，なんとしても避けないといけない。そういうときはバッと走って捕まえないといけないときがあります。あと，教室飛び出して，体育館の裏側でしゃがみこんでいる子に話に行くときにいちいち外履きに履き替えていられないので，土はともかくアスファルトやコンクリートの上なら上履きのまま出ていったりします。そこで話して落ち着いた子と教室に戻ったり，相談室で話すことになったときにもそのまま行くことになります。なので，靴タイプの方がよいです。蒸れない，疲れないというのは，一日中履いているからですね。安いというのは，数校配置の場合があるからです。毎日上履き持ち帰って，次の日にそれを持って次の学校に勤務するのはめんどくさい（笑）。なので，各校に置いてあることになりますね。3校勤務なら3つ買わないといけないので，安いものになる。まあこれは個人の価値観や経済状況かもしれませんが。

　あとはマイカップとか自分が飲むコーヒー，お茶のティーバッグとかのど飴とか簡単なおやつ。なんか，ほんとおせっかいじみてきましたが，学校って住宅街にあることが多く，近所にスーパーはおろかコンビニもないところって多いのです。途中で小腹がすいたり喉が乾いても，短い時間で買いにはいけない。なので，職員室の机や相談室の机にそういうものを用意しといたほうがよいです。児童・生徒に見つからないところにね。

あと,学校って寒い,あるいは暑いです。教室やカウンセリングする相談室ではエアコンが効いていても,我々は相談室でのみ活動するわけじゃなく,廊下,体育館,校庭で話したり,観察したりします。学校行事,イベントに参加することもあります。暑いなか運動会に参加したり(競技参加はさすがにないでしょうが,席に座ってることはある),体育の観察したり,寒い中廊下や校庭で何分も話したりします。服装の調整はしやすいようにしておくとよいでしょう。

5. 情報収集

- 勤務先校の情報収集(HP,打ち合わせ)
- アクセス(校門の場所,職員用昇降口)
- 在校生数,クラス数,特別支援教室の有無
- 相談室の場所,お便り
- 管理職名
- 過去の事件事故
- 勤務校・教育委員会からの(への)連絡
- ご挨拶
- (特に初日の)給食依頼
- 勤務初日と出勤時間(入学式,始業式に出るか)
- 前任者からの引き継ぎ(会えるか,電話か,文章か,教員からか)

着任準備の3つめ,情報収集です。着任前にもできることはあります。まずですね,勤務先が決まったら,今ホームページが学校ごとにありますので,HPを見てみましょう。そこで基本的な学校の情報を得ることが,着任前でもできると思います。ポイントはまずアクセスです。今はGoogleマップでもAppleマップでも自宅からその学校までどのくらいでいけるかわかりますが,校門の場所と職

員昇降口は調べられたら調べといたほうがよいです。ネットのマップだけ頼りにすると，昇降口が思っていたのと反対側だったりすると学校の外側，校庭周りをぐるっと回らないと入れなかったりします。勤務はじめての学校の初日は，少し時間に余裕もって出たいですね。

あとは在校生数とクラス数，特別支援教室が併設されているか，です。これは心の準備ですね。「このくらいの規模の学校かあ」とか「人数クラス多いと相談件数も多そうだなあ」とか，「特別支援学級があるとその児童・生徒，保護者も相談に来るなあ」とか心の準備ができます。相談室の場所や相談室だよりがHPに載っているかどうか。あれば確認できますね。管理職名も4月で変わっちゃうかもしれませんが，お名前を確認しましょう。

あとは，学校のHPでなくネットニュースですが，過去の事件事故。その学校や近隣で子どもや保護者，教員に影響していそうな事件や事故があって，それが最近だと今でもその影響が出ている可能性があります。なので，着任してすぐ「実は一昨年こういう事件がありまして，今の3年生が目撃しているんですよ」といった話が管理職や養護教諭からあって，すぐその対応を依頼されるとかあるかもしれません。これも心構えや事前の勉強ができているとよいですね。まあ確率は少ないでしょうけども。でも大事件だったのにまったく知らないで着任というのは避けた方がよさそうです。ネットに載っている範囲でかまわないので，知っておくと心の準備にはなりそうです。

最初に教育委員会か勤務先の学校から電話連絡があると思いますので，ご挨拶と，勤務初日をいつにするか。入学式に出るのか，あるいは入学式には出ないでその次の週からにするのか，何時に出勤したらよいのか，初日は職員室に行くのか校長室に行けばいいのか，みたいなことを電話で打ち合わせることになると思います。また前任者との引き継ぎ。その方と会えるのか，電話か，文章で前任者が作成してくれているのか，その文章は誰が持っているのか，を確認し

第1章　着任の準備をしよう！

ておきます。あとは給食の依頼ですね。間に合うようであれば，勤務初日の給食も自分の分も用意してもらえるか，依頼してみましょう。先ほど言いましたように，学校って住宅街にあることが多いので，近くにコンビニも食堂もないことも多いですし，また午前授業の日ならよいのですが，児童・生徒がいる中でコンビニに昼食買いに行って，袋ぶら下げて戻ってくるというのもちょっと気が引けます。

文　献

かしまえりこ・神田橋條治（2006）スクールカウンセリング　モデル100例. 創元社.

文部科学省：2　スクールカウンセラーについて. https://www.mext.go.jp/b_menu/shingi/chousa/shotou/066/gaiyou/attach/1369846.htm（2024年4月1日最終閲覧）.

文部科学省：4　スクールカウンセラーの基本的姿勢. https://www.mext.go.jp/b_menu/shingi/chousa/shotou/066/shiryo/attach/1369900.htm（2024年4月1日最終閲覧）.

文部科学省：資料6　「スクールカウンセラー」について. https://www.mext.go.jp/b_menu/shingi/chousa/shotou/066/shiryo/attach/1369883.htm（2024年4月1日最終閲覧）

田多井正彦（2021）学校では教えないスクールカウンセラーの業務マニュアル―心理支援を支える表に出ない仕事のノウハウ. 遠見書房.

第1部 スクールカウンセラーの雑務:徹底解説

第2章

着任からの流れ(雑務編)

1. SC業務の流れ(雑務編)

さて,ここから実際に勤務してからのお話しをしていきましょう。図2-1をご覧ください。

1年間の雑務の流れを例として描いてみました。二期制の学校もありますが,まあ多いであろう3つの学期ごとですね。その学期の雑務的な仕事を箇条書きにしてみした。非常勤の場合,勤務回数が決まっているので,入学式に出ることは少ないかもしれません。入

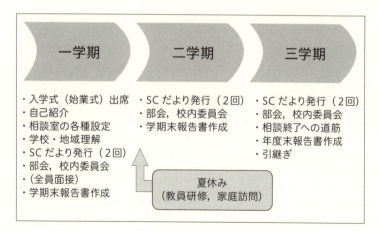

図2-1 SC業務一年間の流れ例(雑務編)

第2章　着任からの流れ（雑務編）

学式出席のメリットは新入生やその保護者に自己紹介できるというのがありますが，顔見せ程度になります。その日に面接は入る可能性は少ないので，限られた勤務回数を入れるかどうか。管理職に3月下旬に電話で判断仰ぎましょう。次の自己紹介は，各教室回ったり学年会でできます。入学式では名前とお辞儀くらいですが，教室や学年会ではざっくばらんにできます。SCだより2回というのは，毎月は大変なので，私は2月に1回にしています。夏休みに勤務がある自治体と，ない自治体があります。勤務があるときは，教員研修，家庭訪問することが多いかな。その他，こういう感じで進んでいきます。ご覧になってわかるように，一学期の設定が大事となりますね。

　次は一日の流れを作ってみました（図2-2）。
　表は私が実際使っている予約表の例です。火曜日は私，木曜日はもう一人のSCである青木先生という方が勤務しているという想定です。時間が9時ちょうどとかでなく半端な時間帯になっているのは，学校の授業時間に合わせているからです。先生方との会議が授業時間で行われたり，授業時間に来る生徒のことを考えると，授業時間で設定したほうがやりやすいんですね。これも開業とか医療とかと違う点ですね。で，上側に一日の流れの例ですが，だいたい8時10分頃出勤し，下のような予定表確認して管理職やSC担当の先生と打合せ。「1週間○○さんどうでした？」みたいな話をして，相談室の鍵あけて，留守番電話を確認します。保護者や外部機関からの電話が入っていることがあります。

　この学校では，1時間目に生活指導部会があるので，それに参加，終わると相談室に行って，予約の入っていたAさんのお母さんの相談があります。次の時間は予約なくて暇になるかな，と思っていたところ，たとえばクラスメイトのからかいで不安定になった生徒が話を聴いてください，と駆け込んで来たりします。もちろん，空いている時間ぴったりにそういう事件が起こるわけじゃなくて，2時

第 1 部　スクールカウンセラーの雑務：徹底解説

```
中学校の場合

・8:10    出勤　本日の予定確認，管理職，SC 担当教員と打合せ
・8:30    相談室開錠，留守電確認
・8:50    生活指導部会
・9:50    不登校の保護者相談
・10:50   不安定になった生徒の対応
・11:50   不登校生徒の相談
・12:35   給食
・13:10   昼休み生徒相談
・13:30   この時点までの日報作成，SC だより作成
・14:30   授業観察，養護教諭と情報交換
・15:40   放課後生徒相談
・16:20   担任，管理職への報告
・16:40   日報作成
・17:00   相談室片付け，退勤
```

日付	6/1（火）	6/3（木）	6/8（火）
担当	田多井	青木	田多井
8:50～9:40	部会	Eさん	
9:50～10:40	Aさん母	Eさん母	Aさん母子
10:50～11:40			G先生
11:50～12:40	Bさん	Fさん母	Bさん
昼休み	Cさん		Hさん
13:30～14:20		連絡会	
14:30～15:20	1 A観察		
15:30～（放課後）	Dさん		Dさん
備考			

図 2-2　SC 業務一日の流れ例

間目に起こったんだけど「今は別の予約が入っているから，ちょっと待ってて」と保健室とかで空いている時間まで休んでもらうとかで対応してもらいます。その子の対応を 1 時間して，次の時間では

11時50分に不登校の生徒が来ます。睡眠リズムが乱れていて、遅い時間でないと来れないといったケースもありますね。給食はその不登校の生徒と食べることや、一人だと職員室や相談室でとります。あまりのんびりはできないですね。昼休みに、たとえば対人関係で悩みのあるCさんの予約が入っていたりすると、すぐに相談室に戻ってCさんを待たなくちゃならない。

5時間目ようやく本当に空き時間ができました。この時間何をするかというと、Cさんまでの報告書、日報を書いちゃいます。日報だけで50分かかることはないと思いますので、残り時間は職員室に行ってSCだよりを作ったりします。で、6時間目、たとえば、1年A組の授業観察に入ります。観察もすべての時間入らないこともあり、残りの時間は養護教諭や特別支援教室専門員等々と情報交換したりします。放課後は、たとえば不登校から復帰したDさんに相談室に寄ってもらったりして、フォローアップ。「クラスどう？」なんて話をしたりします。最後に、担任や管理職への報告、また残りの日報、観察やDさんとの面接について書いて、退勤、ということになります。

このような日々と年間の業務の中で、雑務を合理的にこなしていかないと、臨床業務に力を注げなくなったり、残業になったり過労になったりします。なので、いかに合理的に雑務をこなしていくかがポイントになるわけですね。

2．勤務初日から早いタイミングでやるべきこと

勤務初日から早いタイミングでやるべきことを少しまとめてみました。ここをていねいにおさえておくと、だいぶ後半が楽になります。

初日〜初期にやること
・管理職挨拶、キーパーソン教員を紹介してもらう

第1部　スクールカウンセラーの雑務：徹底解説

- 勤務曜日，時間，等を決める
- 勤怠管理，出勤簿，年間（4月）予定表，校内分掌等の確認
- 職員室の席，相談室の場所，鍵，下駄箱，ロッカー，私物管理，等の確認
- 相談室設備，動線，安全（子どもの安全＋SCのカバン，貴重品の保管）等の確認
- 学校の構造理解（散歩）
- 児童・生徒に自己紹介（全校集会，学年集会，教室に入る，廊下で会う人等）
- 引き継ぎケースやキーパーソン教員から聞いた対象児童・生徒の情報確認（前任SCからの引き継ぎ，記録，教職員からの情報，支援シート，心理・知能検査データ等），授業観察

キーパーソン教員について

　まず勤務したら管理職にあいさつですね。たいてい，職員室か校長室に来て，と言われていると思うので，校長との顔合わせの後は，実務を担っている教頭（副校長）がいろいろ教えてくれると思います。そこで，次に詳しくやりますが，管理職以外のスクールカウンセリング活動にとってキーパーソンとなる教員を紹介してもらいましょう。もちろん，職員室の朝会や午後の職員会議で教職員全員に自己紹介する機会もこちらからお願いしましょう。4月の年度初めはかなり忙しいので管理職がその辺うっかりしていることがあります。勤務曜日はもう3月の電話でやり取りしているときに決めていると思いますが，何時から何時まで勤務するかを管理職と決めます。出勤簿の記入法（押印）やその場所，年間予定表や校内分掌（学校内の役割分担の一覧）の用紙をもらっておきます。これも学校側がSC用に用意してくれていないことが多いので，こちらからそれらをいただきたいと言うほうがよいですね。その他必要書類や学校設備については初日に教えてもらいます。教頭（副校長）やキーパー

ソン教員に頼んでいきましょう。相手の忙しさをきちんと見計らってね。

> **キーパーソン教職員**
> ・担任
> ・養護教諭
> ・特別支援コーディネーター
> ・教育相談コーディネーター
> ・生活指導主任
> ・支援員
> ・特別支援教室専門員
> ・通級指導教室教員
> ・図書館司書　等

　管理職は先述したのと，当然キーパーソンになるので，あえて書いていません。それ以外の先生です。養護教諭，生活指導主任や教育相談担当，特別支援コーディネーターは最大のパートナーと言ってよいでしょう。毎日学校にいて，児童・生徒の心身の健康状態をみて相談も受けています。学校情報についても，当然聞くことができます。SCの校内分掌での所属は，生活（生徒）指導部が多かったです。教育相談部が独立してある学校は少ない印象ですね。生活(生徒)指導部の中に教育相談があることが多いです。自分の所属も勤務初日に管理職やキーパーソン教員に確認しましょう。

　特別支援コーディネーターは発達障害の児童・生徒や保護者と関わる際に大変心強い存在になります。それから，支援員さん。学校支援員とか学習支援員という呼び方がされています。授業についていくのが難しい子のそばにいて支援したり，教室に入れない児童・生徒の対応をしたりします。支援員の先生も長時間子どものそばにいて支援している存在になりますので，本当に子どものこと，クラスのことをよく知っているので，ありがたい情報をいただけます。支

援員さんから対応の助言を求められることも多いです。通級指導教室（通級）の教員，通級の形態は学校によって違いますね。教員が常駐していて職員室にいる場合や通級指導教室のみの小さな職員室を持っている場合があります。通級に通っている子と自分の相談している児童・生徒が重なっている場合には，通級中の様子を聞けたりこちらから指導の助言をできたりします。特別支援教室専門員は，通級をうまく機能させるための先生として配置している自治体があります。専門員の先生も通級のときの様子を知ってたり授業観察をかなりしていますので，生活，授業の場での様子を教えてもらえます。あ，そうそう，養護教諭が特別支援コーディネーターをしていたり，これらの職種は重なっていることもあります。

　あと，事務職員さん，主事さん，司書教諭は，臨床とは違う場面で大変お世話になります。事務職員さんは経費の使い方とか発注とか事務的なものもお世話になります。主事さんは，たとえば相談室のエアコンが壊れたとか，ドア外れちゃいましたとかガラス割れちゃいましたとかいうときに大変頼りになります。あと椅子のねじがゆるんだとかいうときは，自分でドライバーで回せばいいんですが，主事さんのところに行ってドライバー借りたり，新しい家具とか家電入れるときに入るか長さを測りたいのでメジャーを借りたりします。臨床とは違うと言いましたが，ときには不登校や教室に入りにくい児童・生徒が，主事さんになついてその仕事を見ていたり，工作等を一緒にしていることもあります。そういう場合，その時の様子を主事さんから聞けると貴重な情報となります。

　司書教諭さんは臨床面では，たとえば自閉症スペクトラムの児童・生徒がとても図鑑好きで休み時間によく図書室に行っているとか孤立しちゃっている子が休み時間に図書室で過ごしているとかだと，その子たちの様子をよく知っていたりします。その子たちの図書室での対応や図書委員になった場合の対応の助言を求められることもあります。あと子ども向けの心理学系の本を入れてもらうのを依頼したりもありますね。相談室だよりと連携して特集を組んでも

らったりSCからの本のお勧めを図書館でも紹介してもらったり特集コーナーを作ってもらうこともあります。

相談が少ないうちに

初日は相談予約は0かあっても1,2件だと思いますので,学校をあちこち歩いてどこに何があるか構造を理解しましょう。またそこで出会う児童・生徒に「新しくきたSCの○○だよ〜,よろしく」といった自己紹介や,児童・生徒に学校の構造を聞いて（理科室ってどこにあるの？ とか）距離を縮めることもできます。継続勤務の場合でも,散歩しつつ新1年生にあいさつできます。また自己紹介の機会は,学年会や全校集会が勤務日にあるかキーパーソン教員に聞いて,可能ならそこでできるか頼んでみましょう。各クラスに入って自己紹介できるかもキーパーソン教員か学年主任に依頼していきます。

余裕のある初日に,前任SCから引き継いだ記録やその児童・生徒の支援シートや知能検査結果を読むこともできます。授業後（放課後）には担任にその児童・生徒の様子を聞いたり,勤務初日に授業あるなら自ら教室に行って授業観察もできます。顔がわからず席もわからない場合は,キーパーソン教員の都合がつくようなら一緒に行ってもらいましょう。

相談室の各種設定
- 設備確認（鍵,家具,冷暖房,パソコン,文具,掃除・衛生用品,重要情報管理,鍵付き保管場所,留守電メッセージ等）
- 模様替え
- 必要なもの,不要なもの確認（大物・中物・小物）
- ルール決め（予約,授業中の相談,自由来室,玩具等）
- 予算確認（金額,購入依頼の方法等）
- 日報や出勤簿はじめ,事務手続き確認
- 作成物（掲示物,張り紙,予約表,予約カード,アンケート等）

> ＊ほとんどの事案において，一人で決めず，管理職，キーパーソン教員に提案，相談する。

相談室の設定も早めに決めましょう。これを気にかけずなあなあで相談室運営を始めると，後でドタバタすることになって児童・生徒，保護者，教職員にも迷惑をかけることになります。

設備確認ですが，鍵がどこにあるかとか冷暖房ちゃんと効くかとかパソコンは使えるかとか。重要情報の管理と鍵付きの保管場所は似た話で，自分の書いた相談記録や，保護者からもらった重要な書類，たとえば知能検査の結果や所見のコピーをいただいたりしますがそれをどこに保管するか。相談室に鍵付きのしっかりした棚やキャビネットがあればそこでよいですし，危ういようなら職員室の鍵付きの保管場所をお借りするとかを確認します。あと，特別支援シート等学校が作成した資料がどこにあるのかも把握しておきましょう。忘れがちなのが，留守番電話メッセージの吹き替え，入れ替えですね。前任者のままになっているとか，継続で自分が勤務する場合も勤務曜日が変わっている場合とかは，「はい，○○中学校相談室です。SCの来校は○曜日となっております」みたいなメッセージを変えないといけないですね。もちろん初日にやっておくべきだと思います。

模様替えは，必要ないこともありますが，私は新しい学校に行ったら，自分が居心地よいようにいじれるものはいじってますね。自分が居心地よく安心できる部屋にしておいたほうが，相談のときもこちらもゆったりできます。あとは，相談者が安心しプライバシーを守れるように，入室の動線や窓，カーテン，衝立等で相談者が外から見られないように模様替えすることもあります。

スクールカウンセリング活動に必要なもの不要なもののチェック。文房具とか必要なものがちゃんとあるのかですね。あとはルール決め。これも早めにやったほうがよいです。詳しくは後でやります。予算の確認も必要。いくら使えるのか，だれに物品購入の申請をする

第 2 章　着任からの流れ（雑務編）

のか。事務職員さんのこともあれば管理職のこともあります。

　出勤簿や日報の場所も初日で確認ですね。以前「あ，SC の出勤簿作るの忘れていた」と管理職から言われたケースも何度かありました（笑）。

　ほとんどの点で，自分だけで決めるのはやめましょう。管理職やキーパーソン教員に相談とか提案していきます。小さい模様替えや文房具そろえるくらいはよいかもしれませんが，ルール決めや動線の変更なんかは確認，提案が必要でしょう。それから SC が複数人配置されている学校も，東京だと増えてきました。その場合は当然，すべてにおいて，他の SC との話し合いや許可を取ることは言うまでもありません。勝手に模様替えしたりルールを決めたり，予算を使ってしまうのは，もちろんダメですよね。

　もちろんこれだけではありませんが，作成物の代表例です。予約表（図 2-3）は SC がいない日にも他の先生方も確認や記入できるように相談室に置かず，職員室で先生方にも場所を伝えておくのがよいでしょう。先生が予約を受けた場合や先生が情報交換やコンサ

日付			
担当			
8:50 〜 9:40			
9:50 〜 10:40			
10:50 〜 11:40			
11:50 〜 12:40			
昼休み			
13:30 〜 14:20			
14:30 〜 15:20			
15:30 〜（放課後）			
備考			

図 2-3　作成物の例①「予約表」

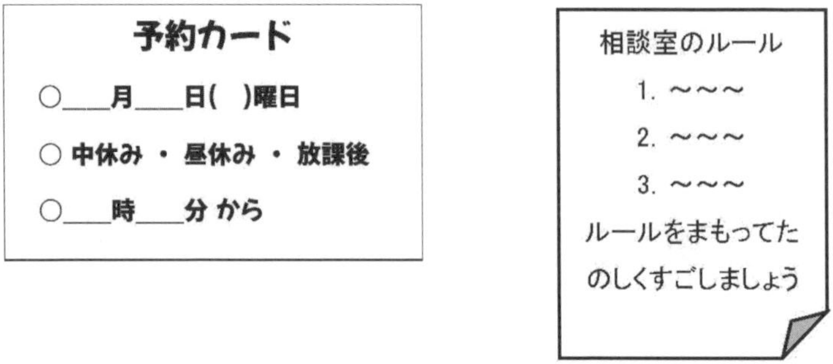

第1部 スクールカウンセラーの雑務：徹底解説

図 2-4 作成物の例②「予約カード」と「ルール」

写真 2-1 小学校の例

写真 2-2 小学校の例（裏側）

写真 2-3 中学校の例

写真 2-4 中学校の例（裏側）

ルテーションを受けたいときがあります。職員の全体会で場所を告知しておきましょう。もちろん児童・生徒，保護者には見られないように。予約者の名前を書いちゃいますからね。

　予約カード（図2-4左）は『学校では教えないスクールカウンセラーの業務マニュアル』でデータがダウンロードできます。私は余白にクローバーのイラストいれたり，相談室の電話番号入れて使っています。A4に6個とか8個コピーペーストして，印刷してから切ってカードサイズにしています。ルール（図2-4右）も決めたら紙に書いて貼っておいたほうが良いと思います。自由来談に大勢来た時に全員に説明するのはやはり手間がかかるのと，発達障害で視覚情報優位な子は言葉の説明より読むほうが理解してくれます。構造化や合理的配慮は我々が率先してやるべきですよね。

　あとは看板というか張り紙ですね。写真2-1～2-4は実際に私が使用している例です。各校の校長先生の許可をとって掲載しています。小学校ではひらがなメインで書いてます。「相談中」だけでなく，「すぐもどります」とかも必要です。トイレとかお茶入れに行っているときに相談者が来てしまうとかありますからね。例ではワードで印刷して学校でラミネートしました。入口にフックがあるようなら，ぶら下げる形，ドアが鉄で磁石がつくようなら，マグネットシートもよいです。写真2-3の中学校の例では板状の磁石をラミネートした用紙の裏に張り付けてドアにくっつくようにしています。どこにいるかを示す矢印も，マグネットシートを切って作っています。写真2-4がその裏面ですね。

　あとはアンケートの作成がありえますね。児童・生徒の心身の状態を把握するためのものが多いでしょう。予防，一次支援と言われるものの一つとして意義があります。教育委員会や学校が実施するもの（Q-Uが代表）もあって，それを見せてもらう場合や，すでにあるアンケートを配布して実施する場合はSC独自のものは必要ないのですが。

SC だより準備

作成物には SC だよりもありますね。今回は準備編で内容についてはやりません。具体的な作成・内容については前著『学校では教えないスクールカウンセラーの業務マニュアル』を見てください。

印刷室がどこにあるのか,用紙は何を使えるのか。これも学校によって違います。印刷室にある普通の白い用紙を使うこともあれば,お便り用の紙は相談室予算で買ってくださいと言われたところもあります。太っ腹(?)なところは,色紙使わせてくれたところもありましたね。相談室予算で買ってよ,というところは,それで色紙買ってもよいかもしれませんね。で,パソコンと保存先のフォルダーですね。SC 用のフォルダーがどこにあるのか,使わせてもらえるのかってことなんかも確認必要です。発行回数も決めないといけないですね。お便りのフォーマットも一度作ったら変えない方がよいと思うので,それも第 1 号の際に決めましょう。あとは配布方法ですね。学校にはクラスごとに配布物を入れる棚があるので,そこにクラスの人数分,35 枚とかを入れていきます。先生方への配布方法も確認しましょう。先生方にも配った方がよいと思います。SC の勤務日が書いてありますし,内容もストレス対処法なんかは先生方にもお役に立てると思います。

重要なのが起案と決裁の仕方ですね。当然 SC だよりも勝手に出すわけにはいきませんので,作ったものをまず管理職にお見せして(起案),管理職がこれでよいとか,ここ直してねと赤字で修正してくれます(決裁)。たいてい,自分のハンコを押して,管理職に回覧ですね。その方法も聞いておきましょう。

すぐ決めておいた方がよいルールとルール決めのポイント

相談室利用のルール決め

- なるべく早めに決めておく
- 授業中の相談

第 2 章　着任からの流れ（雑務編）

- 利用時間
- 自由来室時のルール
- 折り紙や粘土，画用紙等は一人いくつまで使えるか
- 作品や玩具の保管，掲示，相談室外への持ち出し
- 予約の取り方，予約表の場所
- SC 不在時に（教員や支援員が）相談室を利用する場合
- SC が複数いる場合の共用やルールの統一

　ルールも早く決めておいたほうがよいです。
　一つ目，授業中の相談をどうするか。心の傷が深いとか自傷他害があるとか不登校になりそうなど，急を要するしっかり相談したほうがよい場合は，授業を抜けてもらってでも相談した方がよいと判断されるときがあります。ただ，我々が勝手にやってしまうと，先生とか保護者が後から聞いて，「え，授業を受けさせずに相談室にいるんですか!?」と反発されることもあります。あと，このルールをきちんとしておかないと，授業出たくないなーっていう子が授業を抜け出して入りびたりになることもあります。それも複数の子が来て，たまり場みたいになることもありえます。なので，利用時間も決める必要がありますね。私は最大 1 時間分（45 分か 50 分）にしています。それを過ぎたら教室に戻ってね，とやっています。どうしても戻れなければ，保健室とか学年の先生の対応になるかと思います。中学以上では保健室もずっといることはしてないですよね。体調不良以外はだいたい 1 時間くらいっていう所が多いと思います。
　自由来室のルール。個別相談でそんなにはめ外す子はいないし一人なので対応できますが，自由来室だとぬいぐるみでドッヂボール始める子とかいます。SC は最初は受容的に関わろうとすると思いますが，後から「それはダメだよ，それもダメだよ」と禁止していくとむしろがっかり感を強めます。私は大まかには「身体を動かしたかったり大声出したい人は校庭に行ってください」と言っています。相談室は静かな遊びやお話をするところですよ，という感じにして

います。私が気づかないうちに箱庭のフィギュアをポケットに入れて持ち出されたことがありました。授業中それで遊んでいて，授業担当の先生が見つけて取り戻してくれたんですが。これも自由来室でよくありますが，折り紙とか粘土とか画用紙をばんばん使う子がいます。中休みの20分で折り紙5枚，6枚と使われて，1週間もたないよってことがあります。なので，「一人1枚までね」とかにしておいたほうがよいです。またできた折り紙や粘土，絵をどうするかという問題があります。「これもっていっていい？」と聞かれることは多くあります。そこで「いいよ〜」と気軽にやってしまうと，戻った教室で相談室で作った紙飛行機飛ばしていたりすることがありえます。私は原則持ち出し禁止で，飾りたい掲示したい人は相談室内での掲示にとどめます。どうしても持って帰りたい，うまくできたから欲しいな，と言われた場合は，ランドセルの中にしまって絶対家に帰るまで出さないでと指示して渡します。

　またレゴ作品や粘土や折り紙の作品を保存することも，制限を伝えたほうがよいです。レゴや粘土は量に限度があるので，一人の子の完成品を保存しておくと他の子が使えなくなります。原則，他の子も使うからとっておけないことを伝えますが，関係性やその子や問題の特性上保存したほうがよいと思われる場合は，その学期限定等といった制限をかけます。自由来室と予約相談のすみわけというか，予約相談優先というルールも徹底して伝えましょう。自由来室を楽しみにしてくる子で衝動性が強い子は「予約があるから今日は遊べないよ」と伝えても，納得せず，強引に入室しようとしたり相談室の外で騒いだりノックを繰り返したり，予約相談の子を攻撃することもあります。ルールは本当に最初が肝心です。はっきりきっぱり，必要に応じてきびしく伝えていきましょう。

　最初に決めたルールを途中で変更することもあると思います。時間がたつにつれ状況も変化しますし最初の設定が適切でなかったケースももちろんありえます。ルール変更するときは，特によく利用している児童・生徒にはていねいに説明しましょう。また，昨年度の

ルールとは変えることもあるでしょう。それもていねいに説明しておきます。保護者に対しても，保護者自身の相談に関わる場合だけでなく子どもの利用のルールも伝えます。たとえば，教室に入れない子どもの相談室登校を保護者から依頼されることもあります。その場合に，相談室に数時間いさせてもらえると期待されているかもしれません。「ルールとして1時間までは可能です。他の予約の方もいるので，毎週決まった時間は無理な時があります」といった説明はしておきましょう。

そして，作成物のところで説明しましたが，紙に書いて掲示する，配布する，といった工夫は必要です。口で何回も説明するより，相談室に貼ってある紙を読み合わせるほうが児童・生徒に認知してもらえる可能性は高いです。

予約の取り方

予約方法については，児童・生徒にも教職員にも伝えたほうがよいですね。保護者にはお便りで伝えることになると思います。

予約の具体的な取り方も初期に決めておきましょう。児童・生徒が直接相談室に来たり廊下等で話しかけられて相談予約を希望された場合は，そのまま空いている枠を予約表で確認して取るのでよいですよね。保護者から話しかけられたり相談室に電話で申し込みがあった場合も同様でしょう。対面で予約を受け付けたときは，先ほど作成物で紹介した予約カードのようなものを渡しておくとよいと思います。保護者はともかく，子どもは予約を忘れてしまうことも多く，SCが待ちぼうけになることもたくさん経験しました。一度目の相談の後に継続して相談をしていく場合，次の予約はその場（相談中や相談終了時）でとって，予約カードを渡します。

直接SCが受ける以外の予約としては，相談室にポストを設置するという方法があります。これは着任したときにすでにポストがある場合もあるでしょう。自分で新たに設置する場合は，ポストの注文や取り付け工事を事務職員や主事さんにお願いすることになると

思います。ポストは鍵つきの頑丈なものを。SC以外に開けられないようにしましょう。ポストでの予約を受け付ける場合は，申し込みの用紙（カード）を作る必要もあります。それを児童・生徒にわかりやすいところに置いて告知します。相談室だよりに切り取りで予約申込書を載せることもできます。ただ，ポストにはいくつか問題もあります。まず，申込書の置き場所やポストの場所はみんなが通る場所，見る場所（相談室前とか職員室前とか）にあります。なので人に知られず予約したい人には利用しづらいでしょう。またポストにはごみをいれられることや申込書へのらくがき，ポストを壊されたり等のいたずらをされることがありえます。その辺は学校の状況を前任者やキーパーソン教員と検討しましょう。

　教職員経由で相談の申し込みがあることもあります。担任，養護教諭，管理職が予約を受けることや，教員が児童・生徒や保護者にSC面接を勧めてくれたりすることがありますね。予約表は職員室のSC以外の教職員も把握できる所（かつ児童・生徒や保護者，学校関係者以外の人等には見られない所）に置いておきましょう。職員会議にて，予約表の場所とSCがいないときに予約を受けたら書き込んでもらう等の予約受付の手順を告知しましょう。

　予約のルールも決めておきます。たとえば，児童・生徒は遊びたくて予約を取る子も出てきます。自由来室で遊んで楽しくて，予約というシステムがあると知ると，遊びたいので予約したいということがあります。私は，予約相談のときは遊びはなし，あるいは遊び<u>の</u><u>み</u>はなし，としています。悩みや問題がない場合は自由来室で，個別で予約したいときは相談があることを前提としています。相談途中で遊びになったり，遊びながら相談するというのは，小学生だと起こりえるのですが，それでも最初から遊びたいから個別予約というのは認めないほうがよいのではないかと思います。それを許可すると，個人，あるいは仲良しグループだけで相談室を借り切って遊ぶような事態になりかねません。また，相談室で個別で遊びたがる子どもは本人には問題意識がないけれど衝動性や多動性，心理的不

第2章　着任からの流れ（雑務編）

安定といった問題を抱えていることも多いので,「遊びだけでなく相談（小学低学年には"まじめなお話"等と表現）もするなら予約していいよ」とすることで，問題への相談にもっていける可能性が出てきます。

　また予約を忘れられた場合です。児童・生徒の場合，深刻な問題ではないために相談予約を失念したということもありえます。そう判断される場合は追跡しなくてよい場合もあります。しかし多くの場合は，教室や廊下でSCとの接触を他の人に見られない，目立たないように気をつけながら予約をしていたが来なかったことについて問うて，再予約して後日来談するつもりがあるか確認しましょう。きびしすぎないまでも忘れた場合にはきちんと指導する必要はあります。ただし，発達や認知の特性から忘れやすいようなら，ただ責めるような指導はせずに今後は忘れないような方法を工夫しましょう。SCが予約時間前，朝に教室に行って念押しするとか，担任に伝えてよいなら予約のある日の朝に担任から念押ししてもらうという方法がよいと思います。SCが教室に行って接触することで予約がばれる恐れがあるなら，担任にお願いしてこっそり伝えてもらいましょう。まれですが，保護者が忘れるケースもあります。予約を受けた際に，電話番号も忘れず聞いておきましょう。予約時間に来なかったら連絡できるように。時々，家族（夫・妻）・子どもに内緒で申し込む場合もあります。その場合自宅に電話できない（今はほとんど携帯にかけますが）と思いますので，申し込み時に連絡してかまわない電話番号を確認しておきます。

　予約は基本的に早いもの順になると思います。また観察や雑務よりは個別面接が優先になります。急に重要な相談が入ることもあるので，できればすべての枠を面接の予約で埋めないほうがよいですね。そうは言っても，面接の希望が多かったり，月に1回等勤務日や時間が少ないと，予約でびっしりになる可能性があります。虐待や自殺企図，自傷他害等の緊急性や重要度が高いケースの面接は頻回に入れていくことになると思いますので，その他の面接や対応は

予約状況に応じて間隔を調整していきましょう。

3．情報収集とアセスメント

　次は情報収集にいきましょう。これも早い段階でやるべきものでしょう。早い段階では得られる情報が少ないのも事実ですが，知りえるものは知っておくと，今後あわてなくてすみます。あと，情報収集ってアセスメント，つまり見立てでもあるんですね。これも，初期の段階では十分なアセスメントにはなりませんが，その時点で見立てて仮説をもっておくこと，実際の面接や相談の前に介入方針をぼんやりとでも頭に入れておくことは有効かと思います。

> **児童・生徒，保護者の情報**
> ・前任者からの引き継ぎ，記録，申し送り
> ・支援シート，保護者からの情報提供書，知能検査等の確認（職員室にある）
> ・キーパーソン教員に聞く（新担任より詳しい教員もいる）
> ・授業観察・行動観察（拙著，文献参照）
> 　＊ゆっくり記録を読める，観察できるのは一学期の最初のみかも。

　初日にやるべきこととして前任者からの引き継ぎ文章や記録を読んだり，支援シート，検査結果に目を通すと言いました。これも児童・生徒の情報収集ですね。学校が作成した支援シートや保護者経由で学校に提出されているものはいろいろな呼び方があると思いますが，学校に保存されているものはキーパーソン教員に見せてもらいましょう。これらは職員室の鍵付きのところで管理されています。さらに，面接や観察を行う前の情報収集の方法としては，キーパーソン教員に聞くということがあります。新学期の最初は新担任よりも，養護教諭や特別支援コーディネーターや支援員さん，昨年度の

担任のほうが詳しいことがあります。授業観察と行動観察のコツに関しては，前著『学校では教えないスクールカウンセラーの業務マニュアル』で書いていますのでご覧ください。

学校・地域理解（アセスメント）

①学校内部の情報
- 学校の SC，教育相談，不登校，特別支援等への意識，姿勢
- 別室登校，通級，取り出し授業，支援員，ボランティア等があるか
- 個性の強い教員確認（SC への認識，守秘義務への意識，学級運営能力，生徒指導への姿勢）
- インフォーマルグループ把握
- 事情のある児童・生徒，保護者確認（DV 避難，家庭環境，モンスターペアレント・クレーマー，身体疾患・障害）
  - ＊（特に SC に理解のある）キーパーソン教員から情報収集。丁寧にゆっくり聞き出す。
  - ＊意識や姿勢は，数値やデータ，正式な文書ではわからない。感じるしかない。一方，自分の転移や投影も考慮する。

　学校や地域についての理解も早いタイミングでできるとよいです。個人のアセスメントじゃなくて，学校とか地域のアセスメントですね。まず学校の SC とか特別支援とか不登校への姿勢はどうか。これらは数値やデータや公表している情報ではわからないんですね。たとえば，学校のパンフレットとか HP にある教育方針に，「一人ひとりの個性を大事にします」と書いてあるにも関わらず，理不尽な生徒指導でがつんと上から子どもを抑え込んでいるとかね。なので学校の様子を見ながら，不登校とか特別支援への姿勢はどうかみていきます。

　あとは，学校独自でやっている不登校生の別室登校とか，取り出し授業とか。その対応の曜日，時間や対象はどうか。通級指導教室

も最近は拠点校に児童・生徒が通う場合と，通級の先生が学校に来て実施する場合があります。後者だと児童・生徒が別の学校に行かず自分の通う学校でそのまま別室で指導受けていますね。その形式も知っておきましょう。学校に学生ボランティアさんが入っていることもありますね。

　だんだん内緒の話に入っていきます（笑）。個性の強い教員，これどう書こうか迷ったんですが（笑），たとえば守秘義務を守れない先生とか先生自身が不安定であるとか，あるいはSCに対して反発している先生とか確認できるとよいでしょう。この辺は最初はわからないし，誰から聞いたらよいかもわかりません。徐々にキーパーソン教員とかSCに理解のある先生とか管理職とかから情報収集していくことになります。それと絡んでくるんですけど，先生も人間の集まりなので，インフォーマルなグループというのが存在していることがあります。管理職の管理を離れたところのグループがまれにありますね。裏ボスみたいな(笑)。そういう面もキーパーソン教員を通じて理解しておくとよいかもしれません。

　あとは，強い部活。いや，部活が強いことはよいことなんですが，顧問がスパルタでついていけない子が傷ついているケースもけっこう見てきました。その部が結果を出していると，顧問に対して若手はもちろん管理職も保護者もあまり意見が言えないという雰囲気があるケースもあるんですね。こういう話って今までのSC関連本では出てないんですが，ときどき不健全な指導や関係性があります。万一そういうことがあれば，そこで苦しんでいる子どもに気をかけていくのも，外部性があり臨床心理学の専門家であるSCの役目でしょう。

　次の事情のある児童・生徒，保護者の確認というのは，SCとして関わる心理面ではなくて，状況の確認です。たとえばDV被害から避難している親と子ども。この場合何が注意かというと，一方の親から問い合わせがあったときに，言っちゃいけない，その学校に通っているということも言えないんですね。通常は管理職が対応す

ることになるのですが,相談室直通電話に電話が来たり来校があったときに,うかつに言わないよう気に留めておきましょう。これは職員会議やキーパーソン教員からの伝達があると思います。身体的な疾患や障害を抱えて登校している子もいます。心理的な悩みや問題がない場合,SCとのかかわりがないかもしれないですが,やはり把握しておく必要はあるでしょう。

これらはSCに理解のあるキーパーソン教員から聞くのがよいですが,最初はどこまで話してよいか,こちらも聞いてよいのかわからないと思うので,ていねいに,慎重にやっていきましょう。また自分の投影,逆転移にも要注意です。先生をきびしい目で見すぎていないか,自分と違うタイプの先生を困った人と断じていないか,投影や逆転移に気づけるのも心理職ならではの長所かもしれませんね。

②学校外部の情報

- 地域の経済状況,教育環境(特に小中学受験の傷つき,反応性愛着障害,非行に関連する)
- 児童・思春期,発達障害を診れる精神科,小児科の病院・クリニック
- 療育機関
- 公的支援機関
    - ＊諸機関へのつなぎ方,申込方法も確認。医療は紹介状の必要性の有無や混みぐあいも把握。
    - ＊地域SC会へ参加すると,その地区のベテランSCから情報収集できるかも。

子ども,保護者を取り巻く地域や周囲の公的,民間の援助資源を知ることも重要です。

地域の経済状況,教育環境は児童・生徒,保護者の悩みに関わってきます。経済的に豊かで教育熱心な地域は,中学受験や小学受験の失敗トラウマを抱えている子どもや保護者がいるケースがあって,

公立学校に複雑な気持ちで来ている子もいます。経済的に苦しい家庭が多いエリアですと，ヤングケアラーや非行，愛着の問題が多かったりします。ひとり親で人手が足りなかったり，経済的に苦しくて精神的に不安定になったりという要因があるので，これは子どもはもちろん保護者個人の責任とは言えない社会的な問題ですが，残念ながら貧困の問題は子どもと保護者に影響を与えています。虐待に関してはどの家庭でも起こりえます。いわゆる教育虐待なんかは経済的に余裕があって進路や受験に熱心な家庭で起こることがありますよね。

　思春期とか発達障害を診ることができる病院，クリニックも早い段階で，どういったところがこのエリアにあるのかっていうのも，チェックしておく必要があるでしょう。あとは公的機関。児童相談所の電話番号とか場所，どんな機関が近隣にあるのか。適応指導教室も，ここの学校の児童・生徒が行くにはどうするのか，電車かバスか，とかね。民間機関も，療育機関や発達障害をみてくれる塾や，私設のカウンセリングルームを調べておくとよいでしょう。

　こういった情報をどうやって仕入れるかというと，まずは地域のSC会へ参加するとよいと思います。ずっとそこの地域でやっている先輩のSCさんから聞くっていうのがありだと思います。あとはやはりその学校で長くやっているキーパーソン教員に聞くとよいでしょうね。そうそう，生活指導主任の先生って，地域の複数の学校で情報交換する生活指導主任会に出ています。そこでエリアで起こった事件事故，流行っている薬物とか不審者情報とか，学校をまたいだ非行グループなんかを知ることができます。SCは学校内の生活指導部会に参加することになると思いますが，そこで生活指導主任からそういう情報を教えてもらえるかもしれません。

　以上が準備から勤務初日，なるべく早い段階でやるべきことのまとめでした。つぎは，学年末です。

4．学年末にやること

報告書提出
- 数字カウントはこまめにやっておく
- 最終勤務日前に書けるところまでやっておく

引き継ぎ
- ケースの引き継ぎだけではない（設備の使い方，場所，電子データ保存先，キーパーソン教員紹介等）
- 最終勤務日前に書けるところまでやっておく
- 後任に直接会えない場合，文章化しておくしかない

掃除，クリーニング，整理
- カーテン，ぬいぐるみ，加湿器等のクリーニング
- 日々の掃除より少し丁寧に
- 児童・生徒に手伝ってもらうことに意義ある場合も（社会的役割，ほめ要素，アセスメント等）
- パソコンデータ内の情報も削除，整理
- 異動や退職の場合，私物の片付け，持ち帰り，データ（もちろん個人情報でなく，お便りや予約表等）を持ち帰れるか？
- 学期末に持ち帰るもの（上履き，お茶やコーヒー，カップ，ひざ掛け等の私物）

報告書提出

報告書の提出，これは東京都では学年末のみですね。埼玉県では学期ごとに3回提出がありました。ただし，東京都は区や市によって独自に毎月相談件数の数字の提出を求められることがあります。また勤務校の管理職に勤務日の最後に相談件数と内容を提出する日報は別途あります。

数字のカウントは，こまめにやっておいた方が絶対に良いと思い

ます。というのは、たとえば東京都で38回勤務で最終日に報告書を出すとして一日で38日分、不登校の相談が何件、情緒不安定の相談が何件、児童・生徒の相談が何件、保護者が何件、と集計するのは大変です。報告書でやっかいなのが、相談内容別の数字（不登校が何件、いじめが何件、友人関係が何件……）と、学年別や相談者別（児童・生徒との相談が何件、保護者との相談が何件、教職員との相談が何件……）といった別々の数字を求めらることがあって、それぞれをカウントするのが、大変なんですね。私は紙に正の字を書いてやっていくのですが、38回分最終日にやるとえらい時間かかります。なので、空いた時間で途中までやっちゃった方がよいと思います。あと月ごとのまとめをしておくと、最終的な数字は12回足し算するだけで済みますし、年度末報告書でも月ごとの数字も求められたりします。これも最終日に12カ月分数えていると、最終日に何時間も残業することになっちゃいます。

引き継ぎ

最後にやることとして、引き継ぎについても考えてみましょう。来年度に他のSCさんと交代する場合ですね。ケースだけでなくこれまで解説してきた事務的なものも説明してあげると後任者は楽になると思います。鍵の場所、スイッチの場所、パソコンのフォルダー保存先、などですね。キーパーソン教員も異動がなければ、顔合わせをしてあげると、後任のSCさんの不安は減ると思います。後任と直接会えない場合、文章化しておくしかないでしょう。これについて、SC関連のSNSなんかで、引き継ぎも業務にしてちゃんと給料出してほしいという声が上がっています。その通りですが、現状引き継ぎのためサービス出勤している状況です。後任者との連絡、引き継ぎの日の調整とかは管理職に3月中旬以降に電話してもらうしかないですね。それもできない場合は、文章にして封筒に入れ封をするほうがよいでしょう。それで管理職に渡して後任に渡してもらうとか。でも管理職も異動もありうるし、それってSCには教え

てもらえないこともあるので、養護教諭とか複数のルートを検討して、確実に後任だけにわたるようにしましょう。

掃除，クリーニング

普段やらないものとしてはカーテンとかぬいぐるみのクリーニングがあります。年度末はいつもより少し丁寧にできるとよいですね。毎年でなくても，数年に一度かもしれませんが。

洗剤や洗濯機は保健室にあるので，それを使わせてもらうことになりますね。カーテンなんかは数年に一度でしょうから，キーパーソン教員と検討しましょう。

掃除は相談室によく来る児童・生徒に手伝ってもらうのも，本人たちが了承すればありです。不登校の子に社会的な役割を果たしてもらう機会や，ほめるきっかけにも，アセスメントにもなります。発達障害の子には掃除苦手な子もいますね。どうしたらよいかわからない，自分から動けないっていう場合もありますし，まじめに丁寧にやってくれたりすると長所として認められることにもなります。

5．雑務の徹底解説：結論

ここまで各雑務のコツをお伝えしてきましたが，すべてに共通するのは，"隙間時間"をうまく使う」「先手先手でできることをやってしまう」ではないでしょうか。空いた時間に，2カ月先の「SCだより」を書いちゃってよいわけです。学年末に報告する相談件数のカウントをその日までのものはやっちゃってもよいわけですよね。後半に楽になってきます。それから，キーパーソンの先生に頼るようにしていきましょう。頼らないで好き勝手やって，後から驚かれるのもトラブルの元です。先生方は本当に忙しいんですけど，頼れるところは頼っていきましょう。雑務をうまくこなすと，メインの仕事である臨床に集中できますし。残業や過労を防げます。

文　献

伊藤亜矢子編（2022）学校で使えるアセスメント―スクールカウンセリング・特別支援に活かす臨床・支援のヒント．遠見書房．

田多井正彦（2021）学校では教えないスクールカウンセラーの業務マニュアル―心理支援を支える表に出ない仕事のノウハウ．遠見書房．

若島孔文編（2003）学校臨床ヒント集―スクール・プロブレム・バスター・マニュアル．金剛出版．

第2部

スクールカウンセラーの臨床業務

徹底解説

第2部 スクールカウンセラーの臨床業務：徹底解説

第3章

臨床業務の流れ

さっきと似た図（図3-1）ですね。今回は臨床面の特徴を1年の流れで書いてみました。1学期，2学期，3学期と時間が流れていきますね。1年通じて我々の仕事として，当然，児童・生徒，保護者面接がありますね。SCならではのものとして，飛び込み来談，急

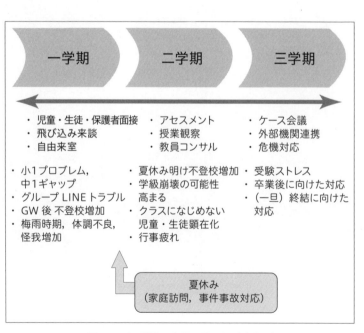

図3-1 SC業務一年間の流れ例（臨床編）

にけんかして不安定になっちゃったとか教室入れなくなったとかがあります。あとは休み時間の自由来室，アセスメント，（アセスメントの一環かもしれませんが）授業観察，それと教員や機関との連携ですね。これも年間通じてあります。危機対応は，これも1年間いつ起こるかわからないものですね。下は学期ごとそれぞれの特徴です。この後詳しく話します。これらはその学期のみにあるというわけではないんですけど，私の印象でその学期に多いような気がします。では学期別にみていきましょう

1学期

いわゆる小1プロブレムですが，幼稚園・保育園との違いにびっくりしてしまうことからの不適応や問題行動のことですね。分離不安で保護者と離れるのが嫌がるというのも多いです。中学校も，小学校に比べて勉強難しくなるとか，先生厳しくなるとか，思春期の課題とか，いろんな地域から生徒が来て馴染めない等々で，うまくやっていけない感じがして問題が起こる可能性があります。中1ギャップとか言われていますね。中学生も小学生ももう入学式の1週間以内でも不登校が始まることがあります。学級崩壊もありえます。小学校低学年の早い段階で授業が成り立たなくなるというケースが起こりえます。

LINE等のSNSトラブルは1年を通してありますが，どうも私の個人的な印象では1学期が多い気がします。これは完全に思いつきの仮説ですが，新学年，新クラスでグループLINEをつくって，お互いあまり知らない，慣れていない状態でトラブっちゃっているのかなあと思います。インスタ，TikTok等のトラブルも，アピールの度が超えてしまうのでしょうか。

そういったトラブルも含めて色んな要素での不登校がありえます。GW明けに学校に戻りたくない等々でその時期に不登校は増加します。また6月，7月になると，子どもたちすごく疲れてきます。蒸

し暑さと，運動会があったり校外学習の宿泊行事があったりというイベント疲れもあります。まず相談室じゃなくて保健室がこのタイミングでものすごく忙しくなりますね。保健室と相談室が隣り合っている学校にいたときに見ていると，ひっきりなしに保健室に児童・生徒が来るようになります。それが心の問題にからんできたりするケースもあります。なので，引き継ぎや情報交換でリスクの早期発見が必要になってきます。

2学期

よく報道もされていますが，夏休み明けに不登校が増加します。夏休みでのんびり過ごせて，嫌な学校に戻るのかとか，夜更かし，ゲーム三昧で生活リズム崩れて朝だるいとか，非行に走ってしまったりとか。問題を抱えた家庭であれば家で過ごす時間が長くなって親とのトラブルが増えて元気なくなっていたりします。あとは，自死，自殺の可能性が高まりますね。夏休みの終わりから2学期最初は一番危険性が高い時期です。学級崩壊も1学期からありますが，2学期には1学期かろうじて維持していたクラスの秩序が耐えきれなくなることがあります。あとは1学期同様運動会なんかの行事で疲れたりもあります。イベントでのトラブルもけっこうありますね。熱心な子とそうでない子の軋轢とか。ただSCとしては，最初の設定をきちんとしておくと，長い2学期は長期的な活動が安定してやりやすいかと思います。

3学期

まずは受験（検）ストレスですね。私は東京都のSCなんですが，中学受験が多いので，小学6年生にもこのストレスはあります。もちろん中3も高3もそうでしょう。本人が不安定になるだけでなく，そのストレスをいじめで解消しようとしたり，塾で勉強しているか

第3章　臨床業務の流れ

らと学校の授業を軽視する子が多いとクラスが成り立ちにくくなったりもあります。

　個別の面接については，終結に向けて，これまで成長したこととか，それでもまだ未解決なこととか，伝えていくようにしましょう。私はよく賞状を渡したりします。特に発達障害の子は口で認めてほめる以上に，視覚のほうが記憶や印象に残ることが多いので，「こういうところが成長したね」「きみの長所はこういうところだとわかったね。それはすばらしいね」なんていうことを文章化して渡します。未解決や問題点はひかえめにしましょう。文字に残すと強烈な印象になることがありますので，「来年は自分がSCとしているかわからないけど，未解決，未成熟な点は引き続き取り組んでいこうね」とも伝えていきます。

　あと，卒業する場合ですね。進学先にSCがいる場合は，大学にも学生相談があると思いますので，「行った先でSC（その他の支援）につながるんだよ」と伝えます。学校じゃなくても，「今後SCは会えなくなるけど，児童相談所とか警察とか外部の機関であなたを助けてくれるところはあるんだよ。相談することはためらわなくていいんだよ」と伝えます。

　成長したことと同じで，「自分の力でここまでやってきたね」と自立と自己肯定感を意識させたり，「助けてって言っていいんだよ」と援助を求める気持ちを高めたりということもやっておきます。

　人事異動は，わかっていても言えない場合もあります。なので，「いない場合もあります」とか，「いる可能性は高いと思いますが」といった表現で，児童・生徒，保護者に伝えていきましょう。ただ，管理職と検討のうえ，相談者の安定に必要とあれば，3月中旬や末に，定期的に面接している人にのみ伝えるということもあります。そこは見立てをし，管理職と相談しましょう。

第4章

臨床業務各論

1．多（他）職種連携と守秘義務

　SCが連携する多（他）職種の一覧（表4-1）を作成してみました。SCが連携する多くの職種の中で，どんな他の職種があるか機関別に分けてみました。学校内は先ほどのキーパーソン教員と同じなので解説は飛ばします。

　まずは，当然医療がありますよね。精神科，心療内科は子どもあるいは思春期を診られるところが重要となります。精神科でも大人のうつや適応障害の治療には強いけど子どもは診ていませんとか，発達障害は診れませんとかありますので，注意が必要です。心身症とか，身体に異変が出る場合，過敏性腸症候群等は内科で診てくれるかも。起立性調節障害も今すごく増えてますけど，睡眠科にいくケースもあります。発達障害やてんかんの場合は神経科にかかることもあります。

　さて，この表は私が思いつくままにばばーっと書いてみたんですけど，公的機関が一番多かったですね。まずは児童相談所。子ども家庭支援センターは自治体によって名称が多少違います。不登校の子が通える適応指導教室，あと，お母さんが困っているときには女性センターやDVセンターを紹介することもあります。非行系の場合は警察の少年課，児童養護施設から学校に通っている子の場合そこの先生とのやりとりもあります。民間の外部機関としては，療育

第 4 章　臨床業務各論

表 4-1　SC が連携する多（他）職種

学校内	医療	公的機関	民間機関
・担任 ・養護教諭 ・特別支援コーディネーター ・教育相談コーディネーター ・生活指導主任 ・管理職 ・支援員 ・特別支援教室専門員 ・通級指導教室教員 ・図書館司書	・精神科 ・心療内科 ・小児科 ・小児精神科 ・内科 ・睡眠外来 ・神経科	・児童相談所 ・子ども家庭支援センター ・適応指導教室 ・教育相談 ・就学相談 ・発達相談 ・療育機関 ・保健所 ・SSW（スクールソーシャルワーカー） ・女性（DV）センター ・警察少年課 ・児童養護施設 ・メンタルフレンド ・学童保育 ・放課後デイサービス	・療育機関 ・開業心理相談室 ・特別支援対応できる塾 ・フリースクール

機関や私のしらかば心理相談室みたいな開業心理相談室，あとは東京ではリタリコさんとか有名ですが，特別支援のできる塾，あとは民間のフリースクールを利用する不登校生もいますね。

そもそも連携とは

そもそも連携とは，ということも考えてみました。「単一の職種ではできないことや弱点をカバーし，より有効な支援が相談者に届くようにするためのもの」となるのではないでしょうか。具体的には情報交換・情報提供，ケース会議，コンサルテーション・助言，リファー（紹介）をする／受ける，でしょうか。

そこで SC のできないことや苦手なことを考えてみました（図 4-1）。

第2部　スクールカウンセラーの臨床業務：徹底解説

SCができないこと，弱点	連携先
・毎日の支援，対応，観察 →	教員
・何年にもわたる支援 →	医療機関／外部機関
・生活（学習）指導 →	教員／外部機関
・（本格的な）治療的アプローチ →	医療機関／外部機関
・法的対応，緊急対応 →	医療機関／外部機関

図4-1　SCができないこと，弱点

　保護者はこれらすべてに関係していますね。なのであえて書いていません。まず毎日の支援とか対応，観察ですね。これは学校であれば教員と連携することですね。何年にもわたる支援が必要な場合，学校関係では卒業や異動がありますから，医療とか外部の民間機関ができることになります。生活指導や学習，勉強の指導はやはり教員や支援員さんですね。あとは民間の塾とかです。

　後で心理面接については詳しく書きますが，我々SCも十分治療的なアプローチができます。しかしやはり学校という生活の場から隔絶した場所でしっかりした心理療法ということになりますと，医療機関とか開業カウンセリングルームにお任せするということになります。当然，法的な対応，緊急対応，犯罪被害や虐待からの保護とかDVとかは警察も含めた公的機関や医療機関。あとは投薬や入院ですね。入院や薬物治療の必要性は判断できませんので，医療に動いていただくことになります。

集団守秘義務

　連携について考えると，必然的に守秘義務との関係も検討することになります。我々は現場に入って行って生活の場で活動する臨床活動なので，狭い意味での守秘義務にこだわることは無理ですし，有効な支援にはなりません。そこで出てくるのが集団守秘義務という概念ですね（図4-2）。

第4章 臨床業務各論

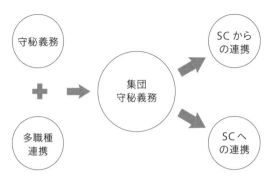

図4-2 集団守秘義務の概念図

　集団守秘義務は守秘義務と多職種連携が合わさってできたものなんじゃないかと思っています。で，それに我々の方から連携する場合と我々の方に連携してもらう場合と2パターンに分かれるだろうと思います。

SCからの連携のポイント
・児童虐待，自傷他害，重大事態の可能性が高い場合は法的に報告義務あり
　　＊SCの場合，報告は学校からとなるため，管理職報告義務（事実報告と必要性や緊急性の見立ての報告）
・多職種，保護者と連携したほうが有効と考えられる場合
　　＊いじめ，（緊急性の低い）自傷・希死念慮・自殺企図・他害企図，学力，精神・身体含めた疾患の可能性
・連携先がこちらの期待した動きをするとは限らない。
　　＊お任せするか，希望（依頼）を出すか，別のリファー先を考えるか
・外部機関の連携先はある程度調べておく（地域のアセスメント）
・リファー先への紹介状，情報提供書も，管理職への起案，決裁を受ける

> ＊医療，民間機関の具体名は出さない。特に一つのみ出すことは避ける（公務員は民間機関をお勧めをしてはいけない）

　まず，SCから連携していく場合。児童虐待，自傷他害，その他重大事態の可能性が高い場合ですね，法的に報告の義務があります。ただしSCは管理職報告義務になります。外部機関への報告は学校からとなります。だからといって，「〇〇さん虐待されているみたいです」と報告して終わるのではなくて，事実を伝えるだけじゃなくて，見立ても報告しましょう。「これは，児童相談所や子ども家庭支援センターに報告すべきです」とか「緊急性があります」とか「もしかしたら誰かの命が奪われてしまう可能性があります」とか，そういった見立ても伝えて管理職が動いてくれるように伝えるのも我々の義務だろうと思います。

　それから，多職種と連携したほうが有効と思われるもの。たとえばいじめですね。SCはいじめの訴えを聴くことはできますが，実際の解消となると担任の役割かと思います。あとは自傷他害，自殺企図とかですね。これらはリスクが高ければ報告義務になります。緊急性が低い場合も連携が望ましいでしょう。学力の問題の場合も担任とか支援員の先生に伝えていくことになります。また，精神・身体含めた疾患の可能性ですね。身体の検査もしてもらったほうがよい場合，うつや統合失調症も思春期から発症してきますので，そういう場合はやはり連携の必要が出てくるでしょう。

　外部機関の連携先は調べておきましょう。地域のアセスメントの章（第2章）に書きましたので参照してください。

　リファーの際，リファー先に紹介状とか情報提供書を出すことがあります。保護者から頼まれることが多いですね。SCとずっと相談をしていて，「今度病院に連れていくことになりましたので，SCからのこれまでの流れの文書をください」とかね。その場合もその場で「いいですよ」と受けずに，まず「管理職に確認します」という

ことと，書いたものもこれで外部に出してよいか決裁を受けてください。あと，公立学校に勤務している方は非常勤と言えども公務員になるので注意が必要です。民間機関にリファーする場合に具体的に一つの機関を勧めてはいけないというルールがあります。複数挙げて本人や保護者に選んでもらう。「このエリアだと○○クリニックや□□医院とか△△病院に行かれている人が多いですね」と複数情報提供したり，抽象的に「発達障害を診てくれる小児科や児童精神科を探してみてください」というように勧めます。

ただし，連携先がこちらの期待した動きをするとは限らない。これは後でちょっと詳しく説明します。

集団守秘義務（SCからの連携）の注意点（図4-3）

いくつか注意点を見てみましょう。

まず担任との連携ですが，守秘義務の意識が弱い先生ってまだいます。たとえば，こちらは集団守秘義務を守ってもらえると思って共有したら，次の日にクラスのみんながいるところで「SCにこういう話したんだって」と言ってしまったり，先生個人の資質として秘密を抱えられない，特に担任批判の話を伝えると腹を立ててしまって本人に話してしまったりとか，いじめで本人は相手に指導して

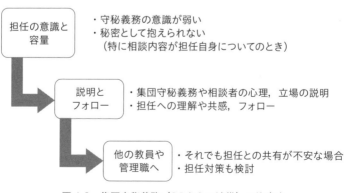

図4-3 集団守秘義務（SCからの連携）の注意点

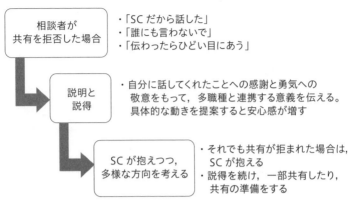

図 4-4　相談者が共有を拒否した場合の守秘義務の考え方

ほしくないと言っているのに，情報共有したとたんに担任が「本人がそう言っているからといって指導しないわけにはいきません」となってしまったりとか，ですね。ですので集団守秘義務の説明とか「本人が勇気を出してここまで話してくれました」とか「SCの立場なのでこういう話が聞けました」とかの説明が必要になってきます。担任が緊張を感じるような話のときは，やはり立場への理解や共感やフォローというものが必要になってきます。それでも担任報告に不安な場合は，養護教諭や管理職に伝えて検討する必要も出てきます。

　2番目，相談者が共有を拒否した場合です（図4-4）。「SCだから話したのに」「誰にも言わないで」，あるいは虐待やいじめの場合，「相手に伝わったらもっとひどいことになる」とかの心配ですね。説明と説得は大事だと思います。まずは自分に話してくれたことへの感謝と勇気への敬意を伝えましょう。そのうえで，他の先生や外部機関と連携する意義を伝えます。いじめなら「私はここで週1回お話を聴くことはできるけど，やっぱりクラスで起きていることだから，先生に伝えておいた方がよくない？」とか。あとは，具体的な動きの提案も大事だと思います。「先生にどこまで動いてもらおう

第4章 臨床業務各論

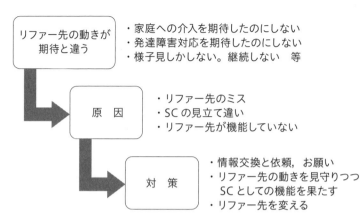

図 4-5 リファー先の動きが期待と違う場合

か」「相手の指導はしないできみの様子を見ていてもらおう」とか,「ここまで報告をしてここまで先生には動いてもらおうか」とか。具体的にここまで伝えようかとか,ここまでこういう動きをしてもらうのはどう？ とかやると,「ああ,それでしたら大丈夫です」と言ってくれることが多いです。

それでも拒否感が強い場合は,SCで抱えていく必要があります。その場合一回で面接を終わらせずに,何度か来てもらうなかで,相手の無理にならない範囲で「ここまで共有してよい？」とか具体的に提案したり,本人の心が解けて共有を許可してくれたときのための準備をしておきます。

さっきもチラッと言いました,リファー先の動きが期待と違うということも起こります(図4-5)。たとえば虐待や保護者も困っている場合に,家庭への介入を期待して外部機関にリファーしたのに介入してくれないとか。我々は診断はできませんが,発達障害の特性が強いなあと思ってリファーしたのに発達障害としての対応はしてくれないとか。あとは外部機関にせよ医療機関にせよ,様子見しかしてくれないこともあります。「また何かあったら来てください」だ

けで帰されちゃうとかありえます。原因としてリファー先の選定ミスがあります。発達障害が得意でない機関に発達障害対応を期待して行ってしまうとか。また、とても残念なことに、リファー先がそもそも機能していないということもあります。

当然こちらの見立てが正しいとは限りません。病院には病院、児相には児相の見立てや方針があってやっていることです。こちらの期待が間違っているということももちろんありえます。

対策としては、情報交換や依頼ですね。こちらの様子はこうです、ということをしっかり伝えていく。あと、先ほど言いましたようにリファー先にはリファー先のお考えや方針があるので、その動きを見守りつつ SC としてできることを精一杯やっていく。さらには本人や保護者とお話しして、リファー先を変えていくということがあります。

SC への連携のポイント
- SC へのリファー元としては、教員からがメイン
- 教育相談室、児童相談所等、公的機関からもある
- まれに、医療、民間機関からもありうる
- リファー元への報連相
- リファー元が見立て、方針を十分に立てているとは限らない
- SC のやるべきこと、他機関がやるべきことの明確化
    * 他機関で心理療法や療育を受けている場合、SC は学校での支援、SC の役割について検討する。「私は何をしましょうか？」

こちらにリファーいただく場合です。一番多いのは教員からの面接依頼や相談、情報提供です。次に教育相談室とか公的機関からもありますね。まれではありますが、医療とか民間機関から、「SC はこう動いてください」みたいな依頼もあります。リファーされた場合は、報連相と書きましたが、こちらですべて抱え込むんじゃなく

て，リファー元に報告して連絡して相談する。

　注意点として，リファー元が見立てとか方針をしっかりしているとは限らないんですね。「スクールカウンセラーさんに話を聴いてもらったらいい」くらいの感じでリファーしてくるっていうケースもあります。なので，「私は何をすべきでしょうか？」と確認や「そちらはそういう方針でやられているんですね，では学校にいる SC としてはどうしたらよいですか？」みたいな提案をしたり，確認や提案する機会がなくても自分なりにそれを考えていくということが大事かと思います。

　あとですね，リファーされるには教員からの信頼が必要です。メインのリファー元が教員なので教員と申し上げたんですけど。リファーされるに足る，リファーしたくなる，信頼されるコツとして，いくつかあげます。

> **リファーされるコツ**
> ・見立てを伝える
> ・SC の（自分の）できること，できないことを伝える
> ・抱え込まない（報連相）
> ・専門用語はわかりやすく
> ・教員の立場，状況への共感，理解

　まず一番に，見立てを伝えること。これが最も必要だと思います。これがすごく大事。というのは，不登校でも発達障害でも情緒不安定でも反抗でも，先生たちはやっぱり，なんでこの子がこういう行動とるのかわからなくて混乱しているケースがすごく多いんですね。本人ですらわからないんですもんね。先生方も戸惑い混乱して悲しんでいることがあるわけです。こちらの見立て，心理的にはこうですよ，発達的な問題はこうですねとか，見立てを伝えていくと，先生の表情が変わりますね。「あ〜〜！　そうなんですか！」みたいになります。なので，臨床心理学，スクールカウンセリングの観点か

ら見立てを伝えていく。これは保護者に対してもそうですね。これが信頼を得る最大のポイントだと思っています。

次は，SCができること・できないこと，SCとはどんな役割かをちゃんと伝えていくということ。それから，さっきと同じで抱え込まないこと。リファーされたからといってSCだけでずっと抱え込んでいってしまって，教員に報連相しないとあまり信用されないですよね。

見立てもそうだし研修会もそうなんですが，専門用語はわかりやすく伝えましょう。また，マスコミやネットでも話題になっていますが，教員はほんっとうに忙しいんですよね。そんな中で集団指導も個別対応もがんばっている先生への理解とか共感とかねぎらいの気持ちを先生に伝えていくこと。そういうことを通して信頼関係を得ていけるのではないかと思います。

2．アセスメント

1学期にやるべきことでアセスメントの話をしましたね。ここでは臨床的な話に入っていきます。

> **SCの個人対象のアセスメントのポイント**
> ・発達特性，生得的特性
> ・知能検査，発達検査，心理検査が入手できるか
> ・トラウマ体験
> ・愛着関係
> ・防衛機制
> ・認知特性（白黒思考等）
> ・精神医学的アセスメント（神経症，精神病，ICDやDSM的見立て）
> ・身体（疾患）との関係
> ・医療的処置・福祉の必要性

第4章　臨床業務各論

・（自分の所属流派・学派からの見立て）

　このような点を念頭においてみていきます。発達特性や，発達というべきかわからないけど，個人の生まれ持っての特性と思われるものですね。それらを知能検査や心理検査で確認できるか。自治体によってはSCが知能検査をとってよいところもありますので，自分がとれるかどうか，外部機関や過去にとった検査結果や所見をみれるかどうか。またSCによる観察や教師，保護者からの情報提供で，授業や生活の様子からもアセスメントします。

　その子にトラウマ体験があるか，愛着関係はどうか，精神分析の視点からは防衛機制がどうなっているか。反抗期の子どもは投影や転移が盛んに働いていることがありますね。それから認知特性。白黒思考とか過度な一般化とかは，優等生の息切れタイプの不登校児や自閉症スペクトラムの子にみられることがありますね。精神医学的なアセスメントは，もちろんSCは医者ではありませんのでこれに関しては診断ができませんけれども，すぐにでも医療機関にリファーすべきか，精神病圏なのか，カウンセリングで対応できるのか，といった見立ては必要になります。今は精神科医療の診断から神経症はなくなりましたが，神経症圏か精神病圏か，といった判断は今でも意味があると感じます。ICDとかDSMの操作的診断からみるとどういった状況にあたるのかという心理士（師）としてできる範囲での判断も意味があると思います。あとは身体疾患との関係ですね。心理面だけでなく，背後に身体疾患があるというのも可能性を考えておく。うつなんかもね，脳内伝達物質の問題で薬で改善していくという視点もなくしてはいけないですね。

　虐待や経済的問題，DV，等は心理でなく福祉的な支援が必要かもしれません。それらを考えて，カウンセリングだけで対応できるのか，医療や外部機関にリファーを勧めるべきか，という判断をします。

　最後に自分の所属流派とか学派からの見立てですね。これはカッ

コ付で書きました。SCでは自分の所属や好みの流派を前面に押し立てていくべきではないと思います。ただ，自分がその流派をずっと勉強してきたプロであって，そのプロとしての見立てが役に立つことはもちろんあります。その場合，その流派の用語や考え方も，児童・生徒，保護者，教員にもわかる表現で伝えるように工夫しましょう。

> **SCならではの個人対象のアセスメント**
> ・担任，クラスメイトとの相互作用（SNS含む）
> ・クラスの環境，雰囲気との相互作用（SNS含む）
> ・家庭状況との相互作用
> ・相談者の問題解決への意欲，動機づけ
> ・学校，地域の問題点や援助資源（支援体制，家族，地域，公的）

　SCならでは，というところも考察しましょう。まずは担任やクラスメイトとの相互作用。その子個人の問題と思われることが，担任やクラスメイトとのやりとりで刺激されたり誘発されたり拡大されている面がないか見てみます。あとこれはちょっとわかりにくいんですけど，それはSNSで行われていることがあります。SNSいじめなんかもそうですね。確認できる機会や方法があれば，確認しましょう。あとはクラスの環境，雰囲気との相互作用ですね。感覚過敏の子はもちろん，発達障害の子は周囲の環境に影響受けやすいと言われています。ざわざわ騒がしいとか，エアコンの効きが悪くて暑いとか，そういった影響もあります。家庭状況との相互作用ももちろんありますね。保護者とトラブってから登校したときは明らかに様子違うとか，虐待をはじめ，親子や家庭の問題からの長期的な影響，相互作用もあります。

　それから，スクールカウンセリングでは問題意識の低い人が来るという例が開業や病院より多くなってきます。「先生に行けと言われた」とか，「自分には問題はない相手が悪いんだ」と言う児童・生徒

第4章　臨床業務各論

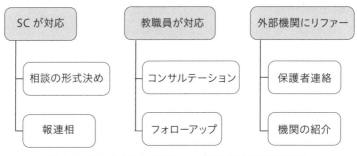

図4-6　アセスメントの結果……どこで対応をするのか？

や保護者とのカウンセリングもします。カウンセリングや変化への意欲や動機づけの見立てはとても重要です。あとは，学校や地域に問題があってこの子の悩みができているんじゃないかという視点もあります。そういう場合，学校から脱する道を探るのも一つの支援です。

「多（他）職種連携と守秘義務」でもやりましたが，外部機関の体制はどうなっているか。たとえば，学区に児童精神科はあるのか，児童相談所はどのくらい動いてくれるのか，保護者が仕事で送迎できないけど適応指導教室は通える距離にあるのか，とかですね。そういった周囲へのアセスメントもスクールカウンセリングは独特な面があります。

アセスメントの結果として

アセスメントの結果として，3パターンありえます（図4-6）。第1に自分（SC）が対応するケース。その場合，まず相談の形式を決めます。結構重大な問題で毎週相談したほうがよいか，授業時間に抜けてでも50分じっくり相談したほうがよいか，そこまでではないので昼休みに来てもらうのか，隔週に来てもらうのか，とか形が決まります。その後は担任や管理職や機関に報連相が必要になります。第2に，アセスメントした結果，SCでなく教職員に対応しても

らおうという場合。たとえばいじめ事例なんかはクラスで解決してもらったほうがよいわけですので，先生にお願いしていきます。これも任せっぱなしではなく，その後のコンサルテーションやフォローアップしていきましょう。もう一つは，外部機関にリファーしたほうがいいかなという場合。保護者に連絡したりその保護者にさっき言ったようにお勧めにならないように機関を紹介したりとかが必要になります。

有意義（有意味）な先入観 vs 意義のない（無意味な）先入観

最後に，有意義な先入観 vs 意義のない先入観という概念をお伝えします。私はアセスメントにおいてとても大事だと思っています。どういうことかというと，有意味と言ってもよいし，治療的，セラピューティックな先入観と言ってもよいと思うんですが，その先入観をもつことでカウンセリングやセラピーにつなげられる先入観です。どんなに科学的に客観的になろうとしても，我々は先入観から逃れられないと思うんですね。ただ，臨床家として，カウンセラーとしては，意義のある先入観を持ちたいと思っています。

たとえば，不登校児が，ときどき教員や保護者から「あの子はただの怠けだから」とか言われてしまうことがあります。不登校の子がクラスに2人いたとして，1人には「あの子はこういう事情で大変で，気の毒なところがあるんです」と言ってた先生が，もう1人には「あの子はただの怠けだから」と言ったりするケースがあるんです。で，ただの怠けという先入観には，意義がないんですね。怠けているだけならしょうがないね，で終っちゃうんです。でもそこに，発達障害があるんじゃないかとか，トラウマがあるんじゃないかとか，家族との問題があるんじゃないかとか，何か深刻なテーマの悩みがあるんじゃないかとか，そういう風に臨床的に意味のある，なんとかできるというか，カウンセリングとか支援，対応につながっていくようなそういう意義のある先入観をもってアセスメントするようにしたいなと思います。

プラスして,アセスメントの一環として,授業観察があります。こちらは前著『学校では教えないスクールカウンセラーの業務マニュアル』で書きましたのでそちらを参考にしてください。簡単にポイントだけ言いますと,事実のみを情報収集し,環境や個人と環境の相互作用も見立てる必要性があるということです。

文　献

伊藤亜矢子編(2022)学校で使えるアセスメント入門—スクールカウンセリング・特別支援に活かす臨床・支援のヒント．遠見書房．

田多井正彦(2021)学校では教えないスクールカウンセラーの業務マニュアル—心理支援を支える表に出ない仕事のノウハウ．遠見書房．

若島孔文編(2003)学校臨床ヒント集—スクール・プロブレム・バスター・マニュアル．金剛出版．

第5章

面接業務

1. 児童・生徒面接のコツ

聴くだけカウンセラーを卒業しよう！

ここでは SC に必要な面接技法について解説していきます。

カウンセリングの基礎は，傾聴，そして共感，受容，自己一致だと思います。それらを身に着けるだけでも大変で我々が日々精進していく道ですが，それだけでは，SC の面接としては不十分と言えます。しかし，自分好みのこだわりの流派の手法を使うっていうのも，そんなに好ましくないと思います。インフォームド・コンセントが取れるかってことがあると思うんですよね。SC の場合，相談者だけでなく，学校，教員の理解と同意も必要です。自分の好みの臨床は別の臨床の場でやるべきだと思います。

では面接技法はどうしたらよいのか？　どの流派にも限らず使用されている，共通な技法があると思われます。その中から，スクールカウンセリグに必要な技法っていうものを抽出してみました。それが次の3つではないでしょうか。

・心理教育
・支持
・簡易的 SST（ソーシャル・スキル・トレーニング）

第5章　面接業務

　この3つについて詳しく取り上げます。

　その前に、おまけですが、学校という現場に入る臨床ならではの配慮として、面接中に他の児童・生徒、教員から構造を守るということも必要になります。面接中にドアを他の児童・生徒に開けられることがあるんですね。第2章の作成物でお伝えした「面接中」という表示を出しているにも関わらず、入ってくる子がいたりします。元気な子が「せんせー！」とか言ってガラッとドアを開けてくる。その室内にはすごく繊細な子がいたり不登校で他の子に会いたくない子がいるケースがありえます。あと、不登校の子ががんばって、ようやく来談したときに、教員が（いきなりドア開けることはないと思いますが）ノックして、顔を見たいとか配布物を渡したいとかで来ることがあります。もちろん担任と会うセッティングをしていく必要はありますけど、本人の許可とか状態を無視して会うことになるのはよくないことがありますので、そういうイレギュラーな事態から守るよう気を付けていきましょう。

　さて、心理教育と支持と簡易的SSTについてまとめてみました（図5-1）。

　まず心理教育。文科省がSCに求めている助言というのは心理教育なのかなと思います。心理学的な知識とか対処法を教えていく。あとは自己理解や自己洞察、コミュニケーションスキルや、助けてって言っていいんだよという援助希求行動を高めるというのもあります。で、教育というと大人が一方的に言葉で説明するという気もしますが、我々は一対一で個別に対応しているというメリットを活かして、ロールプレイやシミュレーションとか対話、議論も有効です。

　支持というのは、すごく簡単に言うと、ほめる、ねぎらう、尊重する、です。流派によってはほめることを避けています。でもSCにおいては、来談意欲が低いというケースもあるので、関係性を構築するうえにおいて、支持というのはけっこう重要になってきます。心理教育やSSTを行うなら、それを学んでくれたことをほめたりねぎらったり、できたことを認めたり尊重したりは必要で

第2部　スクールカウンセラーの臨床業務：徹底解説

心理教育	支持	簡易的SST
・文科省が求めている，助言とは心理教育か？ ・心理学的知識や対処法の伝授 ・自己理解や自己洞察，コミュニケーションスキルの向上，サポート資源の利用，援助希求の能力向上にも ・言葉の説明だけでなく，ロールプレイやシミュレーション，議論なども行う	・要するに，ほめる，ねぎらう，尊重する ・流派によってはほめることを避けているが，SCにおいては必要（自ら進んで来談しない例もあるため，関係構築のため） ・心理教育，SSTするなら，必須（1指導するなら9ほめる） ・お世辞やおだてとは違い，根拠のあるものに意識化，焦点化する	・発達障害の児童・生徒に特に必要 ・自己理解と他者（世界）理解，対処法 ・療育機関，通級に任せるものとSCが行えるものと検討 ・状態・問題に応じ，狭い場所や個別でもできるものを行う ・例：ソーシャルストーリーズ™，TEACCH，アサーション等の知見や手法の応用 ・知能検査の結果も参考に

図 5-1　3つのアプローチ

す。指導する前にたくさんほめておくことは大事です。ほめるとお世辞やおだてるとの違いというのは，私の考えですが，根拠あるものを意識化，焦点化するということではないでしょうか。たとえば，まじめな要素のない人に，「きみはまじめだね」とは言わない。現にまじめな要素があるんだけどそれを本人が意識していなかったり自分や周囲の人たちが軽視しているものに焦点化して，「きみはまじめなところがあるね」と言ってあげる。クローズアップなので，大げさに言ってあげるという面もあると思いますが，その人に現にあるものを大げさに言うのであって，ないものをうそで言うのではないです。

次は簡易的なSSTです。SSTは療育機関や通級指導でやることだと思われる方もいると思います。本格的なものはもちろんそうなんですけど，SCでもできることがけっこうあるんですね。特に発達障害の児童・生徒の場合はこの簡易的なSSTがすごく有効になって

きます。なので自分たちができることを考えてみましょう。たとえば、ソーシャルストーリーズ™とかTEACCHの手法、あとはアサーションなんかは我々が応用できるかもしれません。当然、知能検査等の結果も参考にその子の得意を応用したり苦手をフォローしたりします。ソーシャルストーリーズ™はとても有効です。私はそれを知る前に、自分で独自に思いついてやっていた方法ととても似ていて、私は「内面の構造化」と自分で呼んでいたんですが、それを発達障害に詳しい友人に言ったら、もうそれはあるよ、と言われてソーシャルストーリーズ™を知りました。自閉症スペクトラムの子に、自分自身や社会について、説明書を作ってあげて理解してもらうという方法です。暗黙の了解や空気を読むこと、定型発達の子が自然に学ぶことを、言語化、視覚的情報化してわかりやすくするというやり方ですので、一対一で話せるSC、というかSCにとどまらず心理療法家やカウンセラーにとってとても利用しやすい方法です。

心理教育・支持・簡易的SSTに有効な技法

この3つの方法すべてにおいて使える具体的な技法というのを6つほど紹介していきます。流派や学派を超えて使用されているものでもあります。

①メンタライゼーション的アプローチ：体系化された治療技法ではなく、心で感じ表現することを促進するくらいの手法でも有効
②外在化・可視化：問題は自分そのものではない
③描画法：外在化・可視化の一種。子どもたちはお絵かき大好き
④呼吸法：リラクセーション、マインドフルネスともに
⑤身体技法：心身両面からのアプローチ
⑥ポリヴェーガル理論等、神経理論からの説明：外在化・可視化の一種

①メンタライゼーション的アプローチ

メンタライゼーションに関しては，Mentalization-based treatment（MBT）という確立したセラピーがあるようなんですが，SC ではそのような確立し体系化したセラピーをやるというのではなく，心で感じ表現することを促進する，育てるという方法でも有効かと思います。

メンタライゼーションは，池田先生の定義で「メンタライゼーション；①自分や他者のこころの状態に思いを馳せること　②自分や他者のとる言動をその人のこころの状態と関連づけて考えること」（池田，2021）とされています。

私はメンタライゼーション，あるいはメンタライズという言葉を知ってからはその言葉で表現できるようになったのですが，知る前は自分の臨床経験から「心で悩めていない」という言い方をしていました。心で悩む，つまり自分の心の状態を自分で想像したり理解したりに加えて，行動や言葉というのは心と関連して出てくるというつながりの理解です。それが未熟だと，行動化しやすくなる。暴力やリストカット，オーバードーズなんかもそうですね。情動調整や人間関係にもかなり影響してくるようです。

問題行動のあと子どもにいろいろ質問してみると「わかりません」「さあ」「むかついたから」「知らないうちに」といったことしか語れないことがけっこうあります。それに対し，「なぜ？」「なんで？」という質問は，保護者とか先生から聞かれていることが多いんですね。「なんで学校行けないの？」とかね。「なぜ，どうして」で聞かれると「わからない」となることが多い。なので，「どうだったのか」と聞くようにしたらよいのではないかと思います。How ですね。Why でなく How で聞く。「学校にいけないときはどう感じているの？　どんな感じなの？」と聞いていきます。SC から「その時の気持ちは？」と聞いてみたり，「何か感じたり考えているから，こうなるんだよね」とか，知らないうちに暴力ふるったケースだと「なんの理由もなく叩くかなあ？」「怒りもなく叩くかなあ？」とい

う風に,ていねいにゆっくり聞いていきます。最初は「わかりません」「さあ?」だったのが,ていねいに問うていくうち,じょじょに感情や感覚や認知が表出されてくるので,「ああ,それは無理ないよね」と共感したり,「そういう風に言ってくれるとよくわかるよ」と支持したり,「きみは腹立ったから叩いたんだけど,相手としてはいきなり叩かれたらびっくりするよねえ」と相手にも心があるんだよと話していくことができます。

　これに関連して,カウンセリングや心理療法では,感情,気持ちを重んじすぎる面があるのですが,How で聞くときには,感覚に注目してみてください。感覚は正も誤も,善も悪もない。正直に感じたことを伝えてもらう関係性を築くことが大切。解離等で感覚もわからないときは上記のようなアプローチでゆっくりていねいに語れるようしていきましょう。感覚の把握が感情を整えることにもつながることは多いです。

②外在化・可視化

　問題や悩みを目に見える形にする外在化は視覚化と言ってもよいのかもしれませんね。外在化,視覚化することで客観化して,自分自身の存在そのものや人格と切り離すという技法です。外在化はナラティヴ・セラピーの用語なんですけど,特にナラティヴ・セラピーだけじゃなくて,精神分析の無意識も認知療法の認知やスキーマも,自分と一体だった心の要素を切り離して形にする技法を使用しているように思います。脳神経系もあとでやりますが,外在化,視覚化の一つとも言えます。トラウマを受けた脳はこうなっていますとか,自律神経系がこう働いていますとかの説明・解説をすると,子どもも保護者も教員も,驚くと同時に腑に落ちたり,安心感にもつながるようです。

　あと,子どもたちはお絵かき大好きですね。絵が好きな子には,描いてもらうのが有効ですね。まず,問題に名前を付ける。たとえばイライラして他人を叩いちゃう子には,心の中にいる,なんだろう

……「イライラ虫」とか「トゲトゲくん」がいるんだね，とか。問題として焦点化していくときに，「あなたそのものが悪い子なんじゃない，でもその『イライラ虫』が問題なんだよね」と話していくわけです。

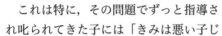

イライラ虫

これは特に，その問題でずっと指導され叱られてきた子には「きみは悪い子じゃない，そいつが悪いんだ」としていくわけです。「それでもきみの心の中にいるイライラ虫だから，きみが対処しないとね」と話していく。もちろん，露骨に悪いとか問題と言わないケースもありますので，表現は場合に応じて工夫します。そしてそのキャラクターを絵に描いてもらう。「そのイライラ虫をちょっと絵にしてみようか」とします。相談室にクレヨンや色鉛筆と画用紙を用意しておきます。その次の段階として，「その虫を癒したりなだめたりそれから守ってくれるキャラクターも描いてごらん」とやってみます。

指導されたり怒られたりが続いていますと，自己否定していることが多いので，「問題ときみは別なんだよ」とはっきり言ってあげる。そうすると，問題に向き合いやすくなりますし，取り憑かれにくくなる。問題として冷静に対処，行動できるようにしてもらう。なので，メンタライゼーションと同様ですね。外在化することで，「私の中にはこういう心の問題がある。それは，SCや先生にも助けてもらって，自分で対処していける」と，心の問題でありそれは解決できるもの，としてとらえてもらうわけです。

おまけですけど，以前流行っていた『妖怪ウォッチ』はよいですね。妖怪に取り憑かれておバカなことをしてしまうというアニメだったと思うのですが，その考えは参考になります。「きみそのものは絶対に悪い子じゃないよ，心の中にいる妖怪，虫に取り憑かれると人叩いたりしちゃうんだね」と本人にも伝えていくわけです。

この方法は描画法以外にもあります。悩みや問題をぬいぐるみや

第 5 章　面接業務

　パペット，箱庭のフィギュアで話したり，テーブル上に配置して人間関係や出来事をわかりやすくするのもよく使う方法です。「この犬さんがきみね。んで，こちらのお猿さんがクラスの子ね。それでどうなってけんかになったの？」とか。内面の表現でも，「この怪獣が怒っているときに心にいるとして，自分はどこにいるの？」とかね。

　箱庭がある相談室もありますね。比較的古くに SC が配置された学校にあるような気がしますが。箱庭もユング派のように象徴表現としてみていくというより，問題の外在化，可視化として利用できると思います。

　あとは，多くの小学校の相談室にある，「表情ポスター」（クリエーションアカデミー）ですね。40 通りのいろんな表情が描いてあって番号がふってあります。お話ししてくれない子でも，「今の気持ち何番？」とか聞くと，指さしてくれたりする。配置先になかったら相談室予算で購入しておくとよいでしょう。

　絵だけでなく文章化も有効なときがあります。面接で起きた洞察とか気づきとか，SC からの助言とかを文章で書いて渡す。特に自閉症スペクトラムの子には非常に有効です。耳で聞いた情報はすぐ失われてしまうことがあるんですね。カウンセリングではすごく納得していたり理解していても，クラスに戻ったり家に帰ったりするとその気づきがあまり役に立っていないというときは，もしかしたら聴覚情報が記憶に残りにくい認知特性があるかもしれない。そういう場合のときは，視覚化して文字にして目に焼き付けてもらうことで，覚えてくれやすくなることがあります。やはり，TEACCH の言っている「構造化」については，SC も知っておかないといけないですね。発達障害の方の認知にあった支援，カウンセリングをしていくということが大切です。

　あと，ただお話ししてもらうよりは絵にしてもらったりぬいぐるみのセリフになると，気持ちがより生々しく理解できるという特徴もあります。これは SC にとっても本人にとってもです。本人も，「ああ，こんなすごい絵になるほど自分はつらかったんだ」とか，「イラ

イラ虫が本当に動き出しそう」なんて語ることもあります。

それから，心理検査や知能検査も外在化として利用できます。数字やグラフで性格や特性が表示されるという外在化を通じ，それまでぼんやりとしていた自己理解が促進されます。それは問題の対処や援助希求，また描画と同じように，自分そのものが悪いとか劣っているわけではないという認識につながります。保護者や教員に説明することも同様ですね。数値やグラフを示して，客観的に冷静に子どもの問題を理解してもらえます。ただし，数値，客観的な情報は傷つけることもあるし，検査には負担もかかります。何でもかんでも検査をすればよいというわけではないので，心理検査の注意点は専門に勉強しておきましょう。SCとしては，学校内で行うということもあるので，侵襲性や労力の少ないもの，あまり無意識の深層が出ないものが良いと思います。エゴグラムなんかは利用しやすいと思います。

③描画法

外在化でも述べましたが，SCにとってかなり有効，必要な技法なので，ここでくわしく述べます。

学校の教育相談室では大がかりな玩具や箱庭とかがないこともありますが，紙（薄い普通紙より画用紙の方がよいと思います）とクレヨン，色鉛筆があれば，いかようにも表現ができるというのが描画法のメリットです。ただし絵具は，片付けがめんどくさい（笑）。片付けている間に次の予約の人が来談したりしますからね。描くこと自体が癒しになるということもあります。予算で買えれば，色の種類の多いクレヨンや色鉛筆を用意しておくと，一般の家庭や教室にないような道具を出すと，絵の好きな子なんかわぁーっと喜びますね。

描画法のメリットをもう一つ。言語化を拒否する，あるいは場面緘黙の児童・生徒ともやりとりできる点があります。お互い絵を描き合ったりしてコミュニケーションをとれるかもしれません。

図5-2～5-5の絵は筆者による事例を基にした再現ですが，守秘義務の観点からかなり描き換えています。どうしても絵柄や文字は私のタッチになってしまいました（笑）。主訴，問題も多少変更しています。架空の事例として参考にしてください。

　図5-2は虐待を過去に受けていて，クラスメイトには暴言が目立つ衝動性の高い小学生に描いてもらったという設定です。心の中のイライラをイライラ竜として描きました。私がそれをなだめるキャラクターも描けるか問うたところ，巫女のような少女も描いてくれました。

　図5-3は強迫性障害の小学生。自分の確認強迫に対する安心のメッセージを，だいじょうブーンというハチのキャラクターにし，それを送り出す神様を安神（あんしん）と，ダジャレ，語呂合わせでキャラクターを考え出して描いています。図5-4は中学生の不登校。ひざを抱えてあちこちから見られているイメージ。これじゃ教室行くのは怖いですよね。図5-5も私が塗ったものですが，絵が苦手で描けないという場合には，塗り絵も利用します。スクールカウンセリングでの描画は，もちろん上手く描くことが目的ではないのですが，描くことに抵抗ある子に無理には描かせません。絵が苦手，嫌いでも，クレヨンで心の様子を塗るよう提案してみるとやってくれることもあります。クレヨンは生々しいので，児童・生徒の状態がこちらの胸に迫ってくるものもありますね。これは有名なフリーイラストのWebサービス「いらすとや」の人型の枠線のみのイラストを，2つ並べてコピー＆ペイストして印刷したものを塗り絵のベースにしています。

④呼吸法

　呼吸法には，マインドフルネスとリラクセーションを目的としたものがありますね。子どもにはリラクセーションを目的としたもののほうがやりやすいですが，子どものためのマインドフルネスもいろんな先生の本がありますので，勉強しておきたいところです。た

第 2 部　スクールカウンセラーの臨床業務：徹底解説

【描画法の例】

図 5-2　小学 3 年生・被虐待児：イライラ竜とそれをおさえる少女

図 5-3　小学 4 年生・手洗い等強迫症状：
「安心させてくれる神様，そのメッセージを伝えるハチ」

図 5-4　中学 2 年生・不登校：
自分のイメージ

図 5-5　小学 5 年生・暴言・暴力・
授業妨害：「怒っているときの身体
と落ち着いているときの身体

だ目的なしに呼吸に意識を向けるというのは、小学生には難しい気もしますので、リラックスするよ、と意味や効果を話したほうがよいと感じています。

多動・衝動性があったり、身体化、行動化している場合、怒り、イライラ、不安、恐怖、不眠なんかは身体からのアプローチがよいときがあります。そして、そういう子たちってたいてい身体が固いんですね。体軸が弱い子も多い。なので、次の身体技法も有効になってきます。呼吸法も身体技法も、研修やスーパーヴァイズで一度SC自身が体験しておくとよいですね。

⑤身体技法
〈例〉
- 筋弛緩法（肩の上げ下げ、グーパー等）
- 自律訓練法（トレーニング、体験しておく）
- 臨床動作法（同上）
- タッピングタッチ（同上）
- ラジオ体操（児童・生徒になじみがある。不登校生の運動不足対策にも）

身体技法も非常にたくさんあるのですが、肩の上げ下げの筋弛緩法は簡単で座っていてもすぐできるのでお勧めです。他にも、自律訓練法とか臨床動作法、タッピングタッチなどがSCではやりやすいでしょうか。私の知らない身体技法もたくさんあると思います。これらも自分がトレーニングを受けて、学んだものを実施するようにしましょう。ラジオ体操なんかは、児童・生徒になじみがあって、第1だけなら3分くらいですし、その場からほとんど動かないので、広いスペースなくても簡単に実施できます。不登校の子が外出できていないときなんかは、「運動不足解消に一緒にやろうよ」と相談室でやったりします。やると結構みんなにこにこしますよ。私がチャンチャラチャンラララランッと♪とか歌ってやっているので、それで

笑われているだけかもしれませんが(笑)。ラジオ体操ってしっかりやると，けっこう良い運動になります。NHK や YouTube で一度見てください。お手本通りにつま先立ちになったり手をしっかり伸ばすと，結構な運動量です。SC 自身の座りっぱなし防止にもなります。

呼吸法は小学生には難しいこともあるので，そういうときは身体技法と合わせるとよいと思います。洞察とか心理教育は，理性からのトップダウンの手法という面がありますけど，身体技法は身体から心にアプローチするボトムアップですね。感覚に敏感になるという意味もあります。そのとき自分がどう感じているのか，リラックスしているのか緊張しているのか，柔軟か固くなっているか，と，自分の心と身体の状態がわかってくる。そういう意味でメンタライゼーションにもつながってきます。

さて，<u>超絶大事な注意事項</u>です。身体に触れるときは，別の教員に立ち会ってもらって，本人の許可を身体技法の開始時はもちろん，やりながらもこまめにとってください。「いやな感じだったらいつでもやめるよ」「ここは触っても大丈夫？」とこまめに確認してください。触れない技法のときも，いやな感じや副作用としての不快感があるようなら，遠慮なく言うよう伝えておきましょう。トラウマがある人にリラクセーションすると，恐怖感が出たりすることもあります。で，立ち会ってもらうのは異性の先生ですね。私の場合は男性ですので，女性の養護教諭に立ち会ってもらうことが多い。養護教諭の都合がつかないときは，そのとき手の空いている女性の先生に，「5 分だけちょっとお願いします」とか言って相談室に来てもらう。必ず異性の教員に立ち会ってもらってください。保護者同席の面接だと，保護者がいるので先生を呼ばなくてもよいですけどね。守秘義務からの観点としては，教員，保護者がいるときは問題・悩みの話はせず，身体技法のみ行うとよいでしょう。

⑥ポリヴェーガル理論等の脳・神経理論

ポリヴェーガル理論も臨床的に意味のある神経理論で，最近臨床

とのかかわりでの本もたくさん出ていますね。脳や神経で問題や悩みを説明するのは，外在化，可視化でもあります。「きみが悪いんじゃない，脳・神経がそう働いているんだよ」とか，「脳・神経がこうなっているから，あなたの悩みや苦しい状態は出てきているんだよ」と言ってあげられる。この説明は，一見メンタライゼーションの逆とも思えますよね。心ではなく脳・神経という"物"で考える。でも共存可能です。心で感じるように促進し，同時にそれには脳や神経系に基盤があるんですよ，と整理するのがよいです。不登校，何らかの恐怖症，いじめを受けた，トラウマがある，といったときに，その生物学的な反応を説明するのはとても大切なことです。「そんな目にあったなら，そういう反応をするのは人間として，いや生物として当然なんだよ」って説明します。そうすると，自分を理解できた感覚からか，すごく喜ぶ児童・生徒が多いです。特に心身症，身体に症状が出ている場合や，クラスメイトが怖い不登校生とかですね。この説明すると，食いつきがすごいです（笑）。驚きつつ，すごく自分の状態について納得するみたいです。

2．保護者面接のポイント

　児童・生徒面接に続き，保護者面接のコツについてまとめましょう。児童・生徒との面接とは，やはり違う点がありますね。まず，SCでは保護者の"セラピー"はしてはいけません。ただ，必要に応じて，あるいは流れでそれに近い相談になることもあります。でもそれにのめりこまないようにしましょう。
　児童・生徒と同様，心理教育と支持，簡易的 SST は大事な手法です（図 5-6）。描画を保護者にやってもらうことは少ないでしょうが，身体技法はお伝えできます。また特に心理教育が保護者面接の場合重要だと思います。心理教育は見立てを伝えることがとても大事です。あとは子どもとのコミュニケーションに悩んでいる人，上手でない人もいます。アサーションや，自分や子どもへのコンパッショ

第 2 部　スクールカウンセラーの臨床業務：徹底解説

心理教育	支持	簡易的 SST
・保護者にこそ，助言という名の心理教育が求められている ・心理学的知識や対処法の伝授 ・見立て（子どもの状態），方針説明 ・子どもとのコミュニケーション，アサーション，コンパッション，子どもの特性理解，等の説明 ・援助資源の紹介，提案	・特に孤立している保護者（ワンオペ育児）に必要 ・保護者をほめるのはおこがましいと感じられるときは，ねぎらいと共感を示す	・リラクセーション等子どもと行えるもの ・子どもとのコミュニケーション，アサーション，コンパッション，子どもの特性理解，等 ・例：ソーシャルストーリーズ™, TEACCH, アサーション等の知見や手法の応用 ・子どもの知能検査の結果も参考に

図 5-6　親向けの各種アプローチ

ンも必要なときがあります。また子どもの特性の理解ですね。発達障害についてはこれが本当に重要です。それと外部機関や医療，福祉等の紹介。保護者自身の悩みや問題をスクールカウンセリングで取り扱うわけにはいかないので，そのテーマの時は必要な機関を紹介しましょう。保護者の中には，支援を受けることをよしとしない人もいます。その抵抗感をやわらげるアプローチも必要なときがあります。子どものためにもね。

　保護者自身への支持もとても大事です。孤立している親のなんと多いことか。主に母親ですが，シングルファーザーの場合もあるしまた母親がネグレクトしていたり病気の場合は父親が大変という例も見てきました。ワンオペ育児といって，社会問題としても話題になっていますね。子育てのねぎらいであるとか，ほめるというとちょっと上から目線になっちゃいますが，できていること，がんばっていることを認め伝えるということは必要です。

　簡易的 SST はリラクセーションとか子どもと行えることを教えるとよいですね。心理教育でもある子どもとのコミュニケーション

も，具体的に教えたり方法を伝える必要があるときがあります。

　この3つについて以下少し詳しく述べていきますが，その前に保護者への説明と保護者の見立てのポイントについて最初に考えてみましょう。

やっぱり聴くだけカウンセラーは卒業しよう：心理教育≒説明する力

　心理教育には説明する力が求められます。この点少し述べておきます。

　産経ニュースの記事以前から，カウンセリングの批判として，「ていねいに話を聴いてくれた。でもそれだけだった」という不満，問題はありました。私の開業先のしらかば心理相談室でのクライエントさんからも，別のカウンセリングルームに通っていて，「そこでは話を聴いてくれるだけだった」と訴える方はけっこういらっしゃいます。もちろん，しらかば心理相談室を初期に中断して別の相談室に行かれた方は，そちらで「しらかば心理相談室では話を聴くだけだった」と話している可能性もあります。それぞれが必要なタイミングで必要な役割を果たしていくということでよいのだろうとも思いますが，やっぱりクライエント，相談者のニーズには応えたいですよね。そうは言っても，問題や悩みがすぐに解決することはおろか，最初は解決の方向性すらわからないこともあります。あとは流派とか技法によっては，あんまりセラピストから話さなくて，感じるままに言語化せず進めていくこともあると思います。ただ，そういう技法でもその時点で言えるところまではきちんと説明することができなければならない。理由があって説明しない場合も，なぜ説明できないのかまで説明できなければならないと思います。

　なので，可能な限り正直に見立てを伝えていかなければならない。もちろん，伝えることのデメリットも見立てます。その点も考察しましょう。

説明する際の注意点

ただし，説明する際には重要な注意点があります。まず専門用語を使わない。教員の研修会やコンサルテーション以上に専門用語は使わないようにしましょう。当然保護者は心理の専門家ではありません。心理学用語を知らない可能性のほうが高いわけです。そして，専門用語は理解されないという点に加えて，言い方がストレートに，強烈に聞こえることがあります。発達障害，適応障害，うつ病などの，障害とか病っていう言葉，医学の診断名ではありますが，心理臨床の世界にいればいるほどなじんでしまうんですね。でも一般の方，保護者が聞いてどういう印象を持つか考えて使わないといけない。保護者には障害や愛着や家庭環境とか遺伝とかという単語を容易に使うことには特に要注意です。保護者によってはかなりの不安や迷い，また自責の念や逆に他罰思考をもっていたり，自分自身の問題，たとえば保護者自身が精神疾患を抱えていたりトラウマがあったりする可能性もあります。そういうことも勘案してカウンセリングあるいは心理教育していかないといけないということになります。うかつな説明は保護者を傷つけたり悲しませるってことはすごくあります。

また，保護者の見立てを行ってそれに応じて臨機応変に説明の仕方やどこまで伝えるかを決めていく必要があります。

保護者見立てのポイント

チェック表っぽく書いてみました（図5-7）。大きくテーマ3つあると思います。障害や問題の受容，保護者自身について，保護者の人間関係です。障害や問題受容に関しては，子どもに診断が下りているんだけど保護者から学校側やSCに伝えていない状態があります。面接していって後から診断が出ていると聞かされるケースもあります。また診断を受けていて学校側に伝えてくれているけど，保護者自身納得していない状態，つまり一応伝えるけど私は納得して

第 5 章　面接業務

障害受容・問題受容	保護者自身について	保護者の人間関係
□診断が下りていても，保護者自らが学校側や SC に伝えていない □診断は受けて伝えつつも，納得，受容していない □もう一人の保護者（夫，あるいは妻，自分の親）に原因を求めている □我が子ではなく，他人，周囲に責任や原因を求めている ・上記が Yes の場合，慎重に	□トラウマがある □精神疾患がある □身体疾患がある □知的な問題がある □経済的な問題がある □（自分の経験から）学校への不信感がある □独特の信念，認知がある ・面接をかさねないと出てこないかもしれない ・上記が Yes の場合，慎重に	□子どもとのコミュニケーションがうまくいっていない □パートナー（夫・妻）とうまくいっていない □パートナーの家族と考えが合わない □自分の元家族とうまくいっていない □教員，学校側とうまくいっていない ・上記が Yes の場合，慎重に

図 5-7　保護者見立てのポイント

いない，というスタンスの保護者もいます。あとは，夫とか妻，あるいは自分の親に原因があるとしている場合もあります。

　それから，自分の子どもに責任や原因を求めず，担任とか他の子など他人に責任や原因があるとしている保護者もいます。こういった場合にいきなりその子の問題として話を進めるとよろしくないケースがあります。保護者自身について，トラウマや精神や身体の疾患がある，保護者に知的な問題があるというケースもあります。保護者自身が発達障害だったり，独特の信念や認知があったりすることもあります。また経済的な問題も子育てや親子関係の安定に関わってきます。当然ですが，保護者には保護者の抱える問題があるわけですよね。

　あと，学校への不信感というのは，今問題になっている件で学校ともめたというだけじゃなくて，過去の問題，それも保護者自身の問題もありえます。たとえば保護者自身が不登校だったとかいじめ

被害を受けていたとか元非行少年で学校と対立していたとか。そうすると，元々学校への不信感があったりもします。また自分の子どもやパートナー，夫や妻，あるいは自分の親とうまくいっていないとか担任とうまくいっていないとかありますね。障害受容に関しても，夫婦や親族で異なる場合，たとえば母親は子どもの障害や問題を認めて対処しようとしていても父親は認めていないとか，父親方の親族が認めず特別支援を受けることを拒否するといったケースもたくさんありました。

こういった複雑な存在，あるいは要素を考えて保護者を見立てていきます。

求められる心理教育

不登校，非行，反抗，自傷，ゲームやネット依存等々の我が子の問題について原因を理解したい，把握したいという願望はときに強烈な感情となります。我が子（の状態）が理解できないという不条理はとてもつらいものでしょう。問題を理解したいと求める保護者は多いです。また，同様に多い相談は，「どうしたらよい？」ですね。不登校で，「強引に連れて行ったほうがよいですか？」とか「ゲームの時間は制限したほうがよいですか？」とかはよく聞かれます。これ，簡単に答えられないですよね，我々としても。見立てを伝えるときと同様，保護者の状況に注意しつつ，可能な限り伝えるしかない。わからないということも極力率直に伝えるほうがよいでしょう。その場合，今の段階でははっきりとはわからないという表現がよいかもしれません。逆に言うと，現時点ではここまではわかる，あくまで仮説です，という表現で，そのところまでは伝えるべきでしょう。

"様子を見ましょう"を禁句に

さて，ここで"様子を見ましょう"をキーワード的に使いたくなるんですが，この言葉は，保護者がカウンセリングや教育相談で感

じるがっかりワード1位じゃないかと思うんです。そこで,まず SC の中で「様子を見ましょう」と言うのを禁句にしてしまうのはどうでしょうか？　そうすると何かしら方針を考えないといけない。見立て力が向上すると思いますね。一生懸命考えて,この子の状態を理解しよう把握しよう,そして保護者に伝えようという風になるので,見立て力が向上していきます。ただ,そうは言っても「様子を見ましょう」を言わざるを得ないときもあります。そういうときは,いつまで様子を見るのか,時期とか期限をきちんと伝えるようにしましょう。あとは様子を見る理由,必要性とか意義,も伝えましょう。これがなかったらやっぱり「様子を見ましょう」は禁句にしたほうが良いと思うんです。見立てたうえで様子を見るのであれば OK。でもその場合,どうして様子を見るのか,その意義や必要性は何か,を保護者に言えないとダメです。たとえば,「今この子は自分で教室に戻ろうと準備しています。その力をまずは信じましょう。運動会を楽しみにしているので,そこで参加できるか,そこまで様子を見ましょう」とか,「つらいことがあって一時的に混乱しているけれど,周囲が温かく見守っていけばまた元気になります。1カ月様子を見て,戻らなければ,また相談して,その時は医療への相談も検討しましょう」みたいに。あと,保護者が過保護な感じで,今までいろいろ手を出してきた場合なんかは「お母さん,そろそろこの子の自主性を重んじて様子を見ましょう」という方向性を示すような例もあると思います。そういう場合は,様子を見ることにちゃんと意義があるわけですね。

支　　持

　保護者のセラピーはしないと言いました。するとしたら,支持,共感といったところまでかと思うんですね。これまでの子育て,対応を認める。非行や多動・衝動性のある子の保護者は,これまで周囲に謝り続けてきたという方もいらっしゃいますね。相談に来てくれてからは,これからは SC も協力していきますと伝えます。前に

も言いましたが，今，特に母親の孤立とワンオペ育児は本当に深刻です。夫，父親が子育てに協力してくれないケースはまだまだ多くありますし，核家族で自分の親にも頼れない。地域で子育てするという風土も，特に都市部ではもう減っていますし，誰にも頼れない。そして自分もお仕事している。こういう場合，子育てにおいては本当に孤立しています。若いSCさんや子どもを育てた経験のないSCさんは，保護者を認めるとかほめるというのは，ひるんでしまったりおこがましく感じる場合もあるでしょう。そういうときは，ねぎらうという気持ちはいかがでしょうか？ 未来を担う子ども，人類全体の宝を育てることへの感謝やねぎらいなら，自分個人で認めるとかほめるという上から目線でなくなるように思います。

支持，共感以外の対応が保護者に必要と判断される場合は，外部機関を紹介するのも大事だと思います。

簡易的SST

簡易的SSTとしては，やっぱり身体技法ですね。先ほどやった呼吸法や筋弛緩法は保護者自身が緊張やあせりが強い場合は有効だと思います。あと子どもとできるタッピングタッチや臨床動作法なんかは，お子さんとやってみてくださいと指導することもできます。あとはアサーションや「親業」等を元にした子どもとのコミュニケーションなんかも助言できるとよいでしょう。また家族療法に詳しい方はリフレーミング等の技法もお伝えしていくと有効でしょう。またTEACCHやソーシャルストーリーズ™等，前に紹介した発達障害のためのSSTの手法を保護者にも学んでもらって，発達障害の子との接し方やコミュニケーションや家庭内の「視覚的構造化」に役立ててもらうことはとても大切です。たとえば，視覚情報優位なので，日々の予定はカードにして壁に貼っておくとよいとか，タイマーを使うとか，ですね。

3．事前確認事項の重要性

　最後に，SC ならではのポイントとして，「事前確認」の重要性を挙げておきます。これは児童・生徒，保護者の面接両方において必要となってきます。

　すでに述べたように，SC への来談経路やつながり方はさまざまです。児童・生徒，保護者自身から相談申し込みがあるときはまだよいのですが，教員がお勧めした場合などは，来談者に相談意欲がない場合も多いのです。そこで，初回（インテーク）で，SC から「今日はどのようなご相談ですか？」と切り出すと，相手のニーズや気持ちに合わなかったり，話が展開しない，時間がかかるといったことが生じます。

　特に紹介やお勧めでの来談の場合は，紹介者（多くは教員）に，どういった流れで紹介するにいたったのかを来談前に確認しておくべきでしょう。それによって，来談する人が積極的に来るのか，あまり乗り気ではないのか，嫌々なのか，という来談意欲を想定しておきます。また，教師が問題と感じていることと児童・生徒，保護者も同じ問題意識なのか，直接テーマとしてよいのか，も重要な確認ポイントです。それによってどう初回を切り出すかは，第3部 事例編で具体的な様子をみてください。

　また，この確認事項には，SC ならではの有利な面，というか，助かる面もあります。それは，事前に教員から情報収集できることです。来談意欲はもちろん，学校での様子，去年以前の様子，保護者の様子，学力，家庭の状況，等々を知ることができます。さらに，診断名や知能検査・心理検査の結果，保護者からの支援の要望等が学校に提出されている場合，それも確認できると，大変貴重な情報になりますね。相談依頼があったときに，何も考えずなあなあで引き受けることがないよう意識しましょう。

文　献

＊本書は筆者の経験から考え身につけたことをメインに著したものであり，比較的利用した文献は少ない。しかし，本章の文献表に関しては，本書を書くにあたって直接参考にしていないが，過去に筆者が学び，無意識的に日々の臨床の土台となっている本も挙げた。ただし，筆者の臨床の無意識の背景に沈んでいる本や知識は挙げ切れない（フロイト，ユング，ロジャーズから，あるいは大学院の教科書から挙げなくてはいけなくなる）。そのため本章を書く際に直接，間接的に影響したものに限っている。

相川充・佐藤正二編（2006）実践！　ソーシャルスキル教育　中学校編―対人関係能力を育てる授業の最前線．図書文化．

相川充・猪狩恵美子（2010）子どものソーシャルスキル　イラスト版―友だち関係に勇気と自信がつく 42 のメソッド．合同出版．

Allen, J. G., Fonagy, P., & Bateman, A. W. (2008) *Mentalizing in Clinical Practice*. Washington D. C.: American Psychiatric Publishing.（狩野力八郎監修，上地雄一郎・林創・大澤多美子・鈴木康之訳（2014）メンタライジングの理論と臨床―精神分析・愛着理論・発達精神病理の統合．北大路書房．）

Attwood, T. (1998) *Asperger's Syndrome: A Guide for Parents and Professionals*. London: Jessica Kingsley Publishers.（冨田真紀・内山登紀夫・鈴木正子訳（1999）ガイドブック アスペルガー症候群―親と専門家のために．東京書籍．）

Glay, C. (1994) *Comic Strip Conversations*. Arlington: Future Horizons.（門眞一郎訳（2005）コミック会話―自閉症など発達障害のある子どものためのコミュニケーション支援法．明石書店．）

Glay, C. (2003) *Gray's Guide to Bullying*. Michigan: Jenison Public Schools.（服巻智子訳・解説（2008）発達障害といじめ．クリエイツかもがわ．）

Glay, C. (2004) *Social Stories ™ 10.0: The New Defining Criteria & Guidelines*. Michigan: Jenison Public Schools.

グレイ・キャロル，服巻智子訳・解説（2006）お母さんと先生が書くソーシャルストーリー™．クリエイツかもがわ．

Gordon, T. (1970) *P. E. T. Godon Traning International*.（近藤千恵訳（1998）親業―子どもの考える力をのばす親子関係のつくり方．大和書房．）

池田暁史（2021）メンタライゼーションを学ぼう．日本評論社．

伊藤亜矢子編（2022）学校で使えるアセスメント入門―スクールカウンセリング・特別支援に活かす臨床・支援のヒント．遠見書房．

伊藤絵美（2016）イラスト版　子どものストレスマネジメント―自分で自分を上手に助ける 45 の練習．合同出版．

岩佐繁樹（2008）子どもが劇的に変わる学校メンタルトレーニング．学事出版．
小道モコ（2009）あたし研究．クリエイツかもがわ．
Mesibov, G. B., Shea, V., & Adams, L. W.(2001)*Understanding Asperger Syndrome and High Functioning Autism*. New York: Kluwer Academic/Plenum Publishers.（服巻繁・梅永雄二・服巻智子訳（2003）アスペルガー症候群と高機能自閉症―その基本的理解のために．エンパワメント研究所．）
Mesibov, G., & Howley, M.(2003)*Accessing the Curriculum for Pupils with Autistic Spectrum Disorders: Using the TEACCH Programme to Help Inclusion*. London: David Fulton (Publishers).（佐々木正美監訳，井深允子・大澤多美子・中島洋子・新澤伸子・藤岡紀子・藤岡宏訳（2006）自閉症とインクルージョン教育の実践―学校現場の TEACCH プログラム．岩崎学術出版社．）
Midgley, N., & Vrouva, I.（2012）*Minding the Child: Mentalization-Based Interventions with Children, Young People and their Families*. London: Routledge.（西村肇・渡部京太監訳（2022）子どものメンタライジング臨床入門．誠信書房．）
Morgan, A.（2000）*What is Narrative Therapy? An Easy-to-read Introduction*. Adelaide, South Australia: Dulwich Centre Publications.（小森康永・上田牧子訳（2003）ナラティブ・セラピーって何？　金剛出版．）
中川一郎編著（2022）〈ふれる〉で拓くケア―タッピングタッチ．北大路書房．
小野次郎・上野一彦・藤田継道編（2007）よくわかる発達障害．ミネルヴァ書房．
岡本泰弘（2021）学校で使える心理技法入門．少年写真新聞社．
Porges, S. W.(2018)*The Pocket Guide to the Polyvagal Theory: The Transformative Power of Feeling Safe*. New York: W. W. Norton & Company.（花丘ちぐさ訳（2018）ポリヴェーガル理論入門―心身に変革をおこす「安全」と「絆」．春秋社．）
連合大学院小児発達研究科・森則夫・杉山登志郎・中村和彦編（2014）こころの科学―神経発達障害のすべて．日本評論社．
斎藤富由起監修・編集（2011）児童期・思春期の SST ―学校現場のコラボレーション．三恵社．
佐々木正美（2008）自閉症児のための TEACCH ハンドブック．学研プラス．
佐藤正二・相川充編（2005）実践！　ソーシャルスキル教育　小学校編―対人関係能力を育てる授業の最前線．図書文化．
篠真希・長縄文子著，一般社団法人日本アンガーマネジメント監修（2015）イラスト版　子どものアンガーマネジメント―怒りをコントロールする 43 のスキル．合同出版．

杉山登志郎・辻井正次監修（2011）発達障害のある子どもができることを伸ばす／学童編．日東書院．

杉山登志郎（2007）子ども虐待という第四の発達障害．学習研究社．

高取しづか・JAM ネットワーク（2007）イラスト版 気持ちの伝え方―コミュニケーションに自信がつく 44 のトレーニング．合同出版．

田多井正彦（2021）学校では教えないスクールカウンセラーの業務マニュアル―心理支援を支える表に出ない仕事のノウハウ．遠見書房．

上島博（2016）イラスト版 子どものレジリエンス―元気，しなやか，へこたれない心を育てる 56 のワーク．合同出版．

若島孔文編（2003）学校臨床ヒント集―スクール・プロブレム・バスター・マニュアル．金剛出版．

Wing, L. (1996) *The Autistic Spectrum: A Guide for Parents and Professionals.* London: Constable and Company.（久保紘章・佐々木正美・清水康夫訳（1998）自閉症スペクトル―親と専門家のためのガイドブック．東京書籍．）

吉田友子（2003）高機能自閉症・アスペルガー症候群―「その子らしさ」を生かす子育て．中央法規出版．

クリエーションアカデミー：表情ポスター．

いらすとや：ウェブサイト．https://www.irasutoya.com/（2024 年 4 月 1 日最終閲覧）

第3部

事例編

それでは，ここからは実際の事例を取り上げてこれまでの講義内容をどう実践していくか見てみましょう。ただし，紹介するのは複数の事例を混ぜ込んで，さらに設定を私が作った架空のものです。また，文字数の関係もあり，事例の展開を初回から終結まで描くのではなく初回〜初期のみを紹介しています。実際のケースは分類分けしても多彩，無限とも言えるバリエーションとなりますので，その極々一部の例となります。

　記載の形式ですが，事例の概要を最初に記載して，その後の展開では相談者と SC の状況とセリフ，そしてそのタイミングで SC が何を考えているか，どう聴いているかを対比させるようにしてみました。受容的，共感的に聴きながらも，背景ではいろいろ検討しながらカウンセリングを進めているのかを，モノローグ的な記述をお読みいただいて，私の心の内（？），脳内（？）を体験してみてください。なお，これもスペースや文字数の関係上，省略や箇条書き的な表記になっています。実際の面接での発言や心の中で考えている内容は，もう少し口語的で丁寧，慎重な口調です。

　児童・生徒面接と保護者面接，そして連携に分けて，数事例を紹介，検討してみましょう。

第6章

児童・生徒面接の架空事例

1. 架空事例①

- Aさん：中学1年生男子
- 主訴：不登校。5月下旬から大きな理由なく，「学校がつまらない，朝起きることができない」と言い，休みがちに。9月になるとまったく登校できなくなった。担任とは電話，家庭訪問では話すことができている。不登校の理由は本人もわからない，登校できるようになりたいと言う。小学5年のとき，からかいを気にし一時期不登校。その他，小学校から申し送りや支援希望はなし。
- 家族構成：父・母・姉・本人
- 来談経緯：担任の勧めで9月下旬相談室に来談することになった。
- 確認事項：SC「私のほうから不登校をテーマとして持ち出してよいですか？」，担任「本人も登校したいと言っているし，そのことでSCを勧めたので大丈夫です」

面接経過（初回面接）	背景で考えていること／解説
・SC（自己紹介や相談室紹介の後）「学校お休みしていることの相談でいいかな？」	・担任に確認しているので，すぐ切り込む。

・A「はい。(SCがいくつか質問) クラスに特に嫌なことないです。ただめんどうくさい。朝だるいだけ」	・身体化？　メンタライゼーション不全？
・SC（起立性調節障害，うつ，その他身体疾患の可能性もあるため，医療を勧めつつ）「いっしょにこれから考えていきましょう」（来週予約） ・SC「ここでの話を担任の先生に伝えてもいい？　もしここはいいけど，ここはダメとかあってもいいよ」	・実際に身体疾患である可能性を失念しない。 ・継続相談につなげる。 ・集団守秘義務の確認。

面接経過（♯2以降）	背景で考えていること／解説
・SC「めんどうくさい，というのをもう少しくわしく話しできる？」	・メンタライゼーション促進。
・A「気持ちが重いというか，よくわからないけど。家ではいいんだけど」	・メンタライゼーション不全。
・SC「不快にならないなら，登校のシミュレーションしてみようか。家出てから教室に入る，と空想して。どのへんでどんな気持ち？」	・嫌な感じがしたら，すぐシミュレーションはやめてよいと伝える。

・A「家出るときは大丈夫。校門で落ち込むというか。帰りたい。不安な感じかも」	・メンタライゼーション。
・SC「ああ、不安な感じもあるんだね。校門で不安なら、教室入るのはとても嫌だよねえ。不安超して怖いかもね」(A:うなずく)	・共感、支持しつつメンタライゼーション。
・SC「昔似たような不安になったことあった？」	・メンタライゼーション。事実でなく、感情やイメージの面に注目。
・A「小5であった。からかわれて、嫌な気持ちで。大勢から言われてたからどうしていいかわからなくて。あ、今のクラス、だんだんうるさくなってみんな遠慮なくなってきて、それが怖いのかも」	・洞察、メンタライゼーションが進む。
・SC「なるほど。小5では大勢から言われたのね。集団から排除されたり攻撃されると、すごく怖いのは人間として当然の神経での反応らしいよ。直接攻撃されなくても、今その神経反応しているのかもね」	・メンタライゼーションと神経理論からの説明。 ・外在化と人間共通の当然の反応として支持。

面接経過（♯2以降）	背景で考えていること／解説
・SC「(人型のイラスト出し)このイラストに, 教室入れないときの気持ち, 色で塗ってみて。心臓とかおなか, 頭, 手足, 全体の感じ」 ・SC「あ〜心臓のあたり黒くて, 手足は青いね。全身震えてる感じか。これはつらいね」	・メンタライゼーション, 外在化, 描画法。 ・共感, フィードバック, メンタライゼーション。
・SC「さて, 今日お話したいことはあるかな？」 ・A「いや特に」 ・SC「じゃあ, 趣味とか教えて。あと生活リズムとか」	・メインテーマを相談者が話すとは限らない。雑談でつながりつつ, 手掛かりや切り込みを探る。
・SC「あ, もうこんな時間か。まじめな話もしとこうか。(A：うなずく)登校はどう？」 ・A「行けてないです。変わってない」 ・SC「そうだね。急にはね。また来週の3時間目大丈夫？じゃあ来てください」	・登校への気持ちはあるので, 雑談で終らない。時間経過によるきっかけが自然。 ・予約日時はしっかり伝え, 必要ならカードを渡したりメモしてもらう。

〈解説〉

　中学生の不登校のパターンを考えてみました。いわゆる無気力と睡眠の乱れ, 身体的な症状が見られます。しかし身体症状は苦痛が強いものではなく, 心理的にも今のクラスでは直接傷ついた出来事や原因は見当たりません。学校以外の要因, たとえば発達特性や家

庭の問題も，大きなもの，あるいはすぐに不登校に関わるであろうと想定できるものは見当たりません。今回は，数年前のからかいを遠因として想定してみました。これも本当に原因といえるのかは微妙ですが，トラウマ体験として自律神経反応が出ていると考えると，納得できる気がします。からかいの程度はあまり問題ではないかもしれません。あくまでもAさんがその体験をどうイメージしているか，どうとらえているかが重要です。そこからAさんの世界観やスキーマも形成された可能性があります。

これからの展開ですが，趣味等の雑談も含め話を聴きつつ，過去のからかいへの共感や心理教育を行い，Aさんが心で納められるようにしていく。それは外在化とメンタライゼーションの促進でもあります。今回はイラストに心身の状態を色塗りしてもらいましたが，場合によっては描画で描いてもらうのもよいでしょう。また，今後の展開で本人の教室復帰の気持ちが高まってくるようなら，教室に向かうシミュレーションのイメージワークや実際にSCと一緒に行けるところまで行ってみる，相談室で仲の良いクラスメイトと会う，といった段階的な行動技法を実施するのがよいと思います。

また，事前確認を紹介してくれた担任にしている点にも注目してください。こちらで勝手に不登校の相談だと思って面接を始めると，本人の気持ちとずれたり，不登校には触れたくないのに勝手にテーマにされた，と思われることもありえます。不登校の話を直接持ち出せない場合は，雑談が多くなっていきますが，関係は切らないようにしていきます。学期の終盤等，時期的なタイミングが良いチャンスになるので，そこで無理のない範囲で不登校について話題にできるか検討します。

2．架空事例②

- Bさん：小学1年生女子
- 主訴：不登校。分離不安？　入学式前に両親に不安を語ってい

たが，5月から登校をしぶるようになり，学校が怖い，嫌だ，と言うようになった。最初は親が送って無理に連れて行ったが，夜驚も出るようになり，5月末現在不登校状態。
- 家族構成：父・母・本人・妹（3歳）
- 来談経緯：まず両親が来談。状況確認し，本人を連れてきてもらった。本人の希望で，母親も同席。
- 確認事項：3歳児健診や就学前健診，保育園での指摘や懸念を両親に確認。発達的な特性での指摘や心配は特にないとのことだが，保育園も登園渋りがあったそう。トラウマ的な出来事も確認したが，それもないとのこと。

面接経過（初回面接）	背景で考えていること／解説
・(SC：自己紹介や相談室紹介。B：もじもじし，うなずく程度) ・SC「ここは教室とちがって，いろいろあるよ。（ぬいぐるみ出して）これはにゃーおくんだよ。（B：笑う）クレヨンとか色鉛筆もたくさんあるよ。お絵描き好き？」 ・B「うん。家でたくさん描くよ」	・登校についての話は直接できないと判断。 ・受容，支持。
・SC「じゃあ，好きな絵描いてみよう。SCも描くよ」 ・SC「SCは猫描いたよ。Bさんの見てもいい？　あ〜上手だね。じゃあ，今度はSCと同じ画用紙に，交代で描いてみようか」	・描画法。 ・描画法による交流，受容，支持。

第6章　児童・生徒面接の架空事例

・SC「最後に、気持ちがゆったりする方法教えるね。お母さんも一緒に。肩の力をぎゅーっと上げてみて。耳を肩につける感じ。そうそう、うまいうまい。そうしたら、力抜いて肩を下げてゆったり。もう一回。息を吸いながら肩を上にぎゅー。はい、息を吐きながらリラックス。次は手を握って、足の指も縮めてぎゅー。はい息を吐いてゆった〜り」	・身体技法、漸進的筋弛緩法。 ・筋弛緩法により、力を入れて交感神経も活性化させる。

面接経過（♯2以降）	背景で考えていること／解説
・（その後、母親が廊下で待機していれば教室に入れるようになる） ・B「ママがいないと、もう会えないと思う。学校いるときママがおうちからいなくなるかも」（表情暗く、脱力している感じ） ・SC「それは心配だね。怖いね」	・対象関係論やトラウマで説明つくか？ ・メンタライゼーションしつつある？ ・背側迷走神経優位に？ ・共感・支持。
・SC「肩にぎゅーっとするのやってた？」 ・B「うん。やると少し落ち着く」 ・SC「いいね。じゃあ今日も一緒にやろう」	・場合によっては他の身体技法も。

・(母親面接にて) SC「しばらく廊下待機と身体技法を続けてください。5月の運動会でどうなるかみてみましょう。そこでクラスメイトの中に一人で入れたら、きっかけなるかも」	・必要に応じて、ポリヴェーガル理論やトラウマ理論の説明。 ・イベントの利用やその時の様子を観察できるのも SC のメリット。

〈解説〉

 最近,小学1年生で教室に入れないという児童が増えている印象があります。朝に昇降口や教室前で,送ってきた保護者にしがみついていたり大泣きしてしまっているケースをよく見ます。小1ですと完全不登校ではなく,保護者が学校まで連れてきてそこで渋ったり泣いたりすることになるようです。原因はよくわからないことも多く,今回の架空事例も直接の原因は不明にしてみました。単純に保護者との分離不安と言ってよいのかも不明です。原因として想定されるのは,幼児期にトラウマがあった場合(事件・事故とまではいかなくても,身体疾患での入院や両親の不仲等もトラウマになりえます)や虐待による反応性愛着障害といったつらい体験が影響している場合や,きょうだいへの嫉妬,保護者の取り合いがみられることがあります。学校要因としてはクラスがうるさい,乱暴なクラスメイトがいる,先生が怖い,等々の訴えがよくあります。しかし虐待やトラウマ体験がない,保護者が下の子ばかりをかわいがるといった不適切な関わりがなかったり,学校要因も大人から見るとそれほどうるさいわけでも先生が厳しいわけでもない場合や,そういったわかりやすい原因の訴えがないことも多いのです。

 この事例でもわかりやすい要因はありません。もともとの性格が心配性で繊細かもしれない,といった程度の理解しかできないようです。知る限り保護者の様子から不適切な養育は見られず,トラウマ

も見つかりません。そういった場合，まずは関わりと表現が重要になります。特に低学年の場合，私はまずはその子に合ったコミュニケーションと表現法を探すこと，身体からのアプローチ，の2
点をまず検討します。小1ですと，対話の力は個人差が大きく，描画等の表現技法や身体技法の導入が有効だったりします。心身一如という考えは臨床家には必要ですが，特に低学年の児童は心身を分けて扱うことに意味がないことがあります。それから，心理や神経系からの説明を保護者に，そして本人にもわかる形で行うことも必要かもしれません。原因はわからなくても，心身の状態の説明はできますね。

　また，原因がはっきりしないまま解消していくのも小1の登校渋りには多い展開です。この事例のように行事というきっかけやクラスメイトや担任の声かけが転機になることもあります。それら"場の力"のようなものを利用したりその際の様子を観察して原因や介入の手がかりを探るのもSCならではの活動と言えます。行事やクラスメイトの力で解消するとSCの意味はないのかと思いますが，ただ関わり続け，話し続け，表現を続けるだけでも大切な支援となります。また，保護者の不安感や付き添いへの負担への支持やねぎらいも必要な支援です。

3．架空事例③

- Cさん：小学4年生男子
- 主訴：多動・衝動性，独特のこだわり。小学校入学時より，落ち着きのなさや対人トラブルが見られた。2年生，3年生では落ち着き，学校やクラスに不満を言いつつも大きな問題はなかった。提出物や宿題の遅れやミスは多かった。4年生になり，授

業中教室外に出る,特定のクラスメイトともめる,勉強や自分自身にも担任にも否定的な発言等が目立ってきた。友だちは入学以来ほとんどいない。
- 家族構成:父・母・本人・弟
- 来談経緯:まず母親が来談。家でもゲームの勝ち負けで弟とのけんかが見られる。幼少期に自閉症スペクトラムのグレーゾーンとクリニックにて言われる。SCから,本人の話も聴きたいと母親経由で来談をうながした。
- 確認事項:Cさん本人が障害特性を認識しているか母親に聞くと,まだ伝えていなく,主治医ももう少し大きくなったら告知する方針とのこと。

面接経過(初回面接)	背景で考えていること/解説
・SC(自己紹介や相談室紹介の後)「SCのことはどう聞いたかな?」 ・C「なんか,お話きいてくれるって」 ・SC「Cさんとしては,相談したいことある?」	・母親とのつながりではなく,Cさんそのものの話を聴きたいと示す。Cさんを指導するのではない,と伝えたい。
・C「クラスにむかつくやついる。うるさいのは嫌だから静かにしてって言っているのに,わざと大声出す。あと,宿題が嫌。ゲームやる時間がなくなるし,なんで漢字とか計算を家でしないといけないのか,わけわかんない」	・他者理解が独特? 障害特性で,理解できないもの=嫌なもの,人の意図(悪意)が働いているもの,と認識しているのか? ・他者,世界が理解できないことで苦しんでいる?

第6章　児童・生徒面接の架空事例

・SC「わざとしているのかな？ 他の子たちはそいつのことどう思ってるのかな？」 ・C「うるさいって言ってもダメだからわざとだよ。いっしょに騒ぐ子もいる」	・客観的な視点はどの程度持てるか，メンタライゼーション，心の理論は？ ・多動や教室から出る理由の一つは，音への過敏か？　静かにすべきというルールへのこだわりか？

面接経過（♯2以降）	背景で考えていること／解説
・SC「その子がうるさくするのはなんでだと思う？」 ・C「僕がきらいだからかも。いやがらせ」 ・SC「きみに対して何か言うの？」 ・C「そういうときもある。でも一人でふざけているときもある。静かにしないといけないときも」	・自己肯定感や宿題についてより，クラスメイトがうるさいというテーマがまずは扱いやすい。 ・メンタライゼーション促進。
・SC「人がうるさくするときのこと考えてみようか。たとえば，楽しい気持ちのときとか，おしゃべりしたいことがたくさんあるとか」 ・C「授業がつまらないときとか？」 ・SC「あーそれもあるね。一緒に考えてまとめてみよう」	・簡易的SST（ソーシャルストーリーズ™参考） ・二人で出したものを紙に文章化してまとめる。 ・SCからは個人攻撃やわざとではない要素を多く出す。うるさいやつ個人ではなく，人間理解を目指す。外在化。

第3部　事例編

人がうるさくしてしまうとき

　人はしずかにしなくてはいけないときに、うるさくしてしまうときがあります。
・授業がつまらないとき
・楽しくてうかれているとき
・おしゃべりしたくてたまらないとき
・落ち着かないとき
・周りもうるさくて、えいきょうされてしまうとき
・相手にいじわるしたいとき　などなど

　わざとうるさくしていることもあれば、悪気なくうるさくなってしまうこともあります。もし、だれかがうるさくていやな気持ちになるときは、先生に伝えて対応してもらいましょう。
　先生がいないときは、相手に直接言うこともできます。
　それでもしずかにしてくれないときもあります。そういうときは、自分がそこからはなれることもよいことです。保健室や相談室、先生と決めた場所に行けば、だいじょうぶです。
　はなれるときは、先生や友だちに、どこへいくか伝えておくと、安心です。

面接経過（♯2以降）	背景で考えていること／解説
・SC「むずかしいテーマだけど、よく意見出たね。この紙あげるから、ときどき、家でも見直して」 ・C「学校でも見直す」 ・SC「じゃあ、コピーとるか」	・支持。 ・視覚情報優位と考え、文章化して記憶に残るようにする。 ・保護者にファイルを用意してもらう。

・SC「教室にいられないときって、うるさいとき？」（C：うなずく）「そんなときに無理していなくていいように、担任の先生と、離れる場所決めようか。SCからも先生に言っておくから。いくつかあるといいね。保健室、相談室、あとは踊り場とか？　安全な所を考えよう。あと、黙って行くとみんな心配するから、言うか、言えないときにどうするかも考えよう。カード出すとかね。	・個人のがんばりだけでなく、支援体制も整えることを明言する。 ・現実的にできることから外れない。普段対応する担任の意見は重要。 ・TEACCH的な工夫。構造化、環境調整。

〈解説〉

　自閉症スペクトラムとAD/HD（つまり多動・衝動性・不注意症状）が併存している事例は多いです。そのときに検討しないといけないのは、AD/HDも発達の特性からなのか、自閉症スペクトラムが基本でその特性からAD/HDのような行動をとらざるを得ないか、です。逆もあって、AD/HD特性があるので、落ち着くために静かさやルーティンにこだわるといったこともあるでしょう。この架空事例では、自閉症スペクトラムのグレーゾーンと医師から言われていると想定してみました。保護者のみが主治医から聞いていて、本人には診断が伝えられていないケースもよくあります。診断の告知は主治医から行われるので、SCは主治医と保護者の方針を確認してうっかり障害名を本人の前で言わないよう注意します。とはいえ、支援は早い方がよいですし、自己理解の促進も早い方がよいです。診断の告知に関わらず、自閉症あるいは障害という単語を出さ

ずに，障害特性と本人特有の特性両方にそった支援をしていきます。

この架空事例では，いくつかの問題行動や本人や周囲の苦悩があります。扱う優先順位としては，緊急性と重要性が高いもの（暴力や暴言，自己否定や他者否定）から低いもの（宿題や提出物の滞り）ですが，実際には扱いやすい問題から入ることもあります。今回は子ども本人が話題に出したものから入りました。クラスがうるさいことは問題かもしれませんが，それでもCさんの認知には，自分にわざと攻撃をするためにうるさくしているという偏りがあるように感じました。これは本来では後日担任への確認やクラス観察して，Cさんの偏りかどうか確認してから判断すべきですが，ここではCさんの認知の問題としています。自閉症スペクトラムの方には，因果関係をはっきりさせたいという思考が強い方がいます。あいまいや偶然は心を不安定にさせるのかもしれません。複数の複雑な要因が絡み合った現象も，単一の原因や悪者探しをして判断してしまうこともあります。これが他人だと攻撃，自分だと自己否定につながります。その場合，一方的に"正しい認知"を教えるという対応は当然よくありません。一緒に検討する，認知療法の共同実証主義的な態度は自閉症スペクトラムの方には向いているようです。SCとのやりとりはある価値観を押し付けるのではなく，自他の価値観を客観化しているにすぎません。その中で自分の思い込みとは違う視点や，他者にも他者の心や立場があることや，この世界にはあいまいや偶然や複雑な要因があるという理解にもつながります。

また，アイデア，結論を文章化している点にも注目してください。視覚認知が優位と想定し，より記憶に残るよう話し合いで終らず，まとめて文章化し，自宅や教室に持ち帰ってもらって頻繁に目を通してもらうようにします。本当はWISC知能検査の結果や行動観察から視覚優位と判断してからやるべきかもしれませんが，自閉症スペクトラムの方には視覚優位が多く文章化は無駄にはならない，というとりあえずの判断で実施しました。この文章化は認知に残るという意味以外にも，どうもSCとの約束を思い出す，あるいはSCと

の信頼や愛着といった関係性を思い出すという移行対象にもなっているように感じます。これはエビデンスがなくあくまで私の感覚でしかないのですが。文章化したものを渡すときとてもうれしそうにしている子が多いのです。またその後の SC との関係性がよくなることが多いですね。

　そして，もう一つ重要なのは，子ども個人へのアプローチだけでなく，クラスでの環境調整も必ず考慮すること。がまんできないときの居場所を設定しておくことは，つらいときの見通しが立つようになりパニックを減らします。また安全管理もしやすくなり，教職員の心配，負担も減らします。ここで大切なのは，環境調整の具体的な提案は SC からすぐにはしないこと。できないことを提案してしまって，失望させるのは避けたい。担任や管理職と相談して実行可能な対処を伝えましょう。その際に子どもの意見や気持ちも取り入れられるとよいですね。

　この後，他にも C さんの独特の世界観と客観性について話し合いを続けます。そしてクラスメイトへの攻撃的な認知や多動・衝動性がある程度落ち着いたら，宿題に取り組まないことについて進む展開になるかと思いますが，宿題をやらなくてはならないという価値観からの話し合いではなく，宿題には意味や重要性があるけどそれでもやらないという選択肢がきみにはある，ということも必ず伝えます。その場合こういうデメリットもあるけどそれもこうしたら解消していけるかも，という話し合いも必要です。また，自己肯定感や自己効力感を高めることも大事です。話し合いや文章化，客観的な世界理解と自己理解はその助けになりますので，スクールカウンセリングを続けることがじわじわと効果を発揮していくと思います。

4．架空事例④

- D さん：中学 2 年生女子
- 主訴：リストカット。体調不良を訴えてよく保健室に来て 1 時間

程度休んでいく。担任にDさんの友人数名から，DさんがリストカットしてLINEやSNSで写真をアップしていると報告がある。それをうけ養護教諭が手首に複数の傷を確認したが，本人は他の人には言わないでほしいと言う。

- 家族構成：母・本人（母親は仕事が忙しく，Dの成績や態度に厳しい）
- 来談経緯：養護教諭がSCに話すと楽になる，と勧めて連れてくる。本人は嫌々ではないが，進んでという感じではない。
- 確認事項：リストカットについては養護教諭が説得し，SCにも伝えるとBさんに言っている。

面接経過（初回面接）	背景で考えていること／解説
・SC（自己紹介や相談室紹介の後）「保健の先生から聞いたけど，自分を傷つけてしまうことあるんだね」	・リストカット等の問題行動や症状や病名は最初はマイルドにして話す。単語は本人の口から出てから使用。
・D「まあ」（SCからいつ，どんな時にするか質問）「リスカは夜が多いです。特に理由なく。何も感じてない。痛くもない。血を見るとすっきりはするかな」（SCから道具や深さ，回数等も確認）	・行動化？ メンタライゼーション不全？ ・命や身体の危険度を測る。
・SC「おうちの方はご存じ？ 知ったら心配するかな？」（伝えて良いかも確認）	・守秘義務確認。 ・親子関係や家庭の状況もさぐる。

・D「親は知らない。手当も自分でしてる。知ったら心配というか, 怒ると思う。母親には言わないでほしい」	・とりあえず生命や重症化する危険はないようなので, Dさんの希望を受け入れる。

面接経過（♯2以降）	背景で考えていること／解説
・SC「リスカは夜が多いと言ってたけど, そのとき考えていることとか感じていることは？」	・メンタライゼーション促進。
・D「何も考えてない。気づいたらやっているというか, やりたくなっている」	・メンタライゼーション不全。
・SC「よくあるのは, さびしいとか自分を否定したいとかあるみいだけどね」	・心理教育。メンタライゼーション。
・D「そう？ よくわかんない。暇だな〜切るかって感じ」	・メンタライゼーション不全。
・SC「リスカのとき心身を色で表わすと何色かな？」 ・D「う〜ん, 濃い青？ 黒っぽいくらいの群青」	・外在化, 可視化。
・SC「リラックスして楽しいときは何色っぽい？」 ・D「明るい黄色かなあ」	・外在化, 可視化。

・SC（人型のイラストとクレヨン出して）「リスカのときとリラックスしているときと，塗ってみて」（塗ったのをみて）「あ〜だいぶ違うね。リスカしたいときは頭も手ももう真っ黒なんだね。心臓のあたりは赤黒いのか」	・外在化・可視化，描画法。 ・共感。
・D「こうしてみると，夜はいつも黒い気持ちかも。特に母に何か言われたりけんかすると。自分も世界も滅びろ！ って感じ」	・メンタライゼーション。
・SC「親とのことって友達や先生にも相談しにくいよね。気持ちも強烈だと他人に言いにくいし。言えなくてたまってきてリスカになるのかもね」	・メンタライゼーション，心理教育。支持。
・（D：顔を伏せ涙ぐむ）	・メンタライゼーション進む。
・SC「心臓の部分は赤黒いけど，身体はどんな感じかな？」	・外在化・可視化，描画法。
・D「そわそわして，丸まりたい感じ。そうなると，リスカする。そわそわが無くなる」	・身体による表現。

・SC「言葉で気持ちとか感じたこと表現していこう。でも，身体を整えることも有効だと思うから，ちょっとやってみようか」	・身体技法。
・SC「まず，息を吸いながら肩をぎゅーと上げて，はい，吐きながら下ろして力抜いていって。……何回かやりますよ」	・筋弛緩法か呼吸法が導入しやすい。今後，本人が嫌がらなければタッピングタッチ等を，養護教諭立ち合いで行う。
・D（終えてから）「すっきりした」	
・SC「家でも毎日やってみて。特に夜やるといいね」	

〈考察〉

　リストカットはじめ自傷行為も中学生あるいは思春期以降で良く出会う問題です。背景によくあるのは対人関係の問題や葛藤ですね。親子，友だち，恋愛が多いです。本来はリファーして外部の専門機関で診てもらうのが一番良いと思います。しかしなかなか医療やカウンセリング機関につながらないことが多いのが実情です。

　自傷行為でまず初心者のSCが迷うのが，どこまで聞いてよいのかですね。これはただ迷っているというより，怖くて踏み込めないという面が強いのではないでしょうか。しかしここは勇気と知識を友にして，踏み込むべきでしょう。特に手段や傷の深さ，頻度は実際に生命の危険がないか確認する重要な事項です。自傷行為にびくつき話し合いを怖れるということはSCが悪い意味でそれを特別視しているということになります。SC側としては児童・生徒のため心理専門家としてなすべきことをなすという姿勢でいましょう。もちろん，確かに自傷行為には繊細な対応が望まれます。児童・生徒が大変傷つき混乱している証でもあります。最大限の配慮と思いや

りは必要です。確認事項として，紹介者に自傷行為をSCが知っている前提でよいのか，すぐに話に出しても大丈夫かを確認したり話し合っておきましょう。

　多くの場合，リストカットはじめ自傷行為の際には身体感覚と感情ともに鈍くなっています。自傷前後の状況を詳細に，論理的に話せる児童・生徒はあまりいません。そこで，やはり表現技法や身体技法が重要となります。身体を傷つけるということでしか表現できない何とも言えない苦悩を，絵や身体で表現し，自傷行為ではない方法で発現したり発散したり癒すためには，言葉のみよりも有効なようです。もし，自傷行為の要因となる感情や状況を話す，表現するようになったら，リストカットそのものへの言及よりそちらをテーマにしていきます。そうなるとリストカットしているか否かはあまり触れなくてもよいかもしれません。そうしていくうちに，収まっている可能性があります。チーム学校として，傷の確認は養護教諭に頼み，SCは心理を扱うというのも良いと思います。

　感情を抑えていた蓋が開くことを怖れる初心のSCさんもいるかと思いますが，その際にSCがその感情におぼれずとらわれず，温かくかつ距離をもった共感をできれば，スクールカウンセリングの枠を超えるような乱れ方はしないことが多いです。ただし，確かに自傷の背景には強く抑えた感情やトラウマがあることも多いので，自分であるいはスクールカウンセリングで扱えないと判断した場合は，技法の使用を抑えつつ話を聴くことで関係を築き，リファーを検討しましょう。またチーム学校で支え合うこと，教師の不安も聴きつつSC自身の不安も共有するといったことも大切です。

　本事例のように，親子関係や家庭環境が関係している場合は，外部機関へのリファーも検討します。今後の展開として，Dさんとの関係性を深めつつ夏休みや卒業後も考えて外部機関につながることも本人に勧めてみます。その場合，学校で会うとか母親に伝えるかといった具体的な提案とDさんの気持ちを尊重しましょう。

5．架空事例⑤

- Eさん：小学4年生男子
- 主訴：多動・衝動性，授業妨害
- 家族構成：母親，本人
- 来談経緯：入学当初より落ち着きがなく衝動的で，授業中にふざけることが多かった。4年生になりさらにその程度が強くなった。授業中の立ち歩き，友人の席に行っておしゃべりをする，注意した教師に悪態をつく，クラスメイトの気の弱い子や女子の外見へのからかい等が目立つようになった。過去にAD/HDが疑われ，2年生のとき，教育相談に通っていたこともあったが長続きはしていない。生活指導部会にて本児の問題が取り上げられ，SCにつなぐことになった。
- 確認事項：特別支援シートが出ているか，教員との関係性，友達との関係性，親との関係性，来談意欲について担任に確認。支援シートは無し，知能検査や発達検査は受けていない。2年生の時の教育相談は，プレイセラピー。母親が忙しいため来談は途切れた。教員の指導にはその場で「はい」と言うが，すぐにまた不適応行動を繰り返す。さらに指導すると，悪態，無視。翌日はけろっとしている。特に反抗的な教員もいる（専科や講師）。来談は希望していないが，担任が連れていくとのこと。

面接経過（初回面接）	背景で考えていること／解説
・（担任に相談室に連れられてくる。不機嫌そうで，そわそわ落ち着かない感じ）	
・SC「（自己紹介し）今日はなんて言われてきたのかな？」	・まずは相手の立場や気持ちにそってみよう。

・E「よくわからないけど,行けと」 ・SC「そうか。わからない状態でもよく来てくれました。ここはみんなの相談にのるところなんだけど,Eさんとしては何か相談はあるかな？」 ・E「ない。話すんなら早くしてくんない」 ・SC「そうか。まじめなお話しじゃなくてもいいけど」 ・E「ない。(貧乏ゆすりしつつ)なんか話あるから呼んだんだろ」 ・SC「……うん,担任の先生はEさんが授業に集中していないことを心配して,何か相談してみたらよいのかと思ってつないでくれたみたいなんだ。Eさんとしてはその点はどうかな？」 ・E「別に。どうでもいい」(貧乏ゆすり大きく,目が怒り出す) ・SC「Eさんとしては困っていない？」 ・E「そう」	・だいぶ反発が強い。問題を話し合うのは不可能と判断。 ・戸惑い。 ・メンタライゼーション不全？
・SC「じゃあ,SCと話せと言われても困るねえ。とりあえずゲームもあるけどオセロとかしてみる？」 ・E(無言,そっぽむきイライラした様子)	・話は無理でも遊べるか？ この表情だと無理と思いつつ,わらをもつかむように。

第6章　児童・生徒面接の架空事例

・SC「……いきなり話せとかオセロとかも困るね。でもしばらく会っていくのはどうかな？」 ・E「いや，いい」 ・SC「そうかあ，私としてはもう少し話したいから，来てみてよ。(沈黙) じゃあ，少し早いけど今日はおしまいにしよう」 ・(様子を担任に報告。このままでは関係性構築が難しいため，保護者面接も勧めてもらうよう依頼。担任が電話で状況を伝え，母親の来談を組んでくれる)	・面接の場，E，SCともに気持ちがもたない。

面接経過（♯2以降）	背景で考えていること／解説
(母親面接。ご挨拶と来談をねぎらい，Eさんの状況を確認。家でも片付けや宿題をやらず，生活上のルールも守れないため，以前は叩いていたとのこと。また父親とは離婚しているがDVがあったとのことだった。母親は来談意欲はあるが，母子家庭で収入面も生活面も一人でこなすため忙しく，次回の予約はとらなかった)	・過去と家庭の様子は貴重な情報。 ・発達特性ある？ ・父と母からの体罰,暴力の影響ある？

（本人面接2回目） ・SC「面倒だと思うけど，来てくれてうれしいです」 ・E（沈黙）「早くしてくんない」 ・SC「早くと言うのは？」 ・E「話あるんだろ。早く話せよ」 ・SC（問題を直接話すか迷う）「そうだねえ，最近はどう？」 ・E「どう？って。普通。なんもない」 ・SC「学校は楽しい？」 ・E（沈黙，強く，はぁーっとため息） ・SC「授業中集中できていないのはどうかな？」 ・E（沈黙）「もういい？　終わりで？」 ・SC「話したくないようだね。いらいらしている？」 ・E「わかってんなら，もう終わりにして」 ・SC「そうだね。確かに無理やりはねえ。でもまあ，せっかく来たから，お話ししなくてもよいけど，絵を描くとかも……」 ・E「やらねー」「とっとと話しておしまいにしてよ」	・共感，支持。 ・攻撃性に緊張し戸惑ってしまい，カウンセリングの基本である傾聴技法に逃げた。 ・攻撃性に緊張し戸惑ってしまい，カウンセリングの基本であるオープンクエスチョンに逃げた。 ・攻撃性に緊張し戸惑ってしまい，カウンセリングの基本である反射に逃げた。 ・苦し紛れの描画法。

第6章　児童・生徒面接の架空事例

・SC「ああ，そうか，Eさんにとってここもお説教みたいに感じているんだね。だからお説教して，聞き流しておしまいにするのが一番楽，と」（E：イライラしたよう）「でも相談室は自由に話せるところで，説教はしないんだよね」 ・E「もうめんどいから終わりでいい？　もう来ないし」（以後の来談はなし。行動の変化もないまま）	・直面化，解釈。

〈解説〉

　児童・生徒面接の架空事例の最後に，失敗事例というか困難事例を紹介してみました。今まで私が体験した関係を持てなかったケースの中で，児童・生徒の攻撃性や反発が強い例を抽出してみました。失敗事例だからこそ少し丁寧にEさんの言葉を記載してみました（あくまで私の創作で，実際のケースではないです。具体的にしようと心がけて空想して書いたということです）。

　イライラと怒りにSCが対応できず緊張が高まっていく様子が見られると思います。また，SCは緊張から柔軟に動けず，カウンセラーとしての基本に立ち返ろうとのみしています。これがもっとパニックになると，カウンセラーとしての基本も忘れて自分の素が出てしまうことになりがちです。児童・生徒の感情がここまで拒否的で興奮状態だと，密室で一対一の面接をしていく方法は難しい。このケースの今後の方針としては，SCの個別面接としては母親面接で続けるのがよいと思います。そこで家庭での接し方への助言や母

親への支持を続ける。

　また，担任のコンサルテーションが大切でしょう。Eさん対応で疲弊している担任への支持，対応の助言やケース会議，担任の苦悩を聴くケアといった方法がありえます。授業観察も可能でしょう。教室や廊下でSCを見たEさんがどう反応するかも確認したいところです。案外，相談室外だと反発や攻撃性が低い可能性もあります。個別面接で有効な対応はできなかったものの，Eさんの心を傷つける言動はしていないため，それほど印象が悪くないかもしれません。その場合，Eさんから手を振ってくれたり挨拶してくることもあります。相談中の態度と，えらい違うので，それはそれで戸惑いますね。また，今の時点で打つ手はないのですが，子どもはカウンセリングを受けずとも成長します。自然な成長への期待をしつつ，学年が上がってからは改めて個別面接が可能になることもありえます。

　この架空事例の反省点を見出すとすると，不安定な状態で個別面接に入るべきでないと言えるでしょう。おそらく担任のあせり，SCへの期待からEさんをSCに紹介していますが，Eさんにとっては自分の行動や気持ちを言語化したり誰かと共有することは，まだ避けたいことなのでしょう。少しでも気持ちが安定しているときにSCとつながるべきで，SCも担任にそう提案すべきだったのでしょう。またSCの冷静さや問題を取り上げようとする態度も逆効果でした。ともに彼の行動や態度にのっていくことも必要かもしれません。その場合，彼の言葉遣いや世界観に合わせ，SCも乱暴な口調や同世代の仲間のようになるほうが彼のテンポにあったかもしれないですね。

　最後に，架空事例のような最初から大人に反抗や攻撃性を示し関係がもてないケースは，昔は中高生の不良，非行少年でした。今はそれが小学低学年〜中学年に年齢が下がってきています。小学生の場合，担任やクラスが変わることや成長にともなって落ち着くケースも多いので，心理的支援だけでなく自然な成長や環境の変化にも期待できます。中高生ほど社会全体や大人全体を見ておらず，目の前の担任やSCや居心地悪いクラスへの反発にとどまるのかもしれ

ません。急に改善しようと思わず,見守りだけの対応も仕方ない,というか,それが一番有効なこともあります。ただ,その間に大人不信や社会への反抗につながっていく,心に傷がついていくこともあるので,なかなか悩ましい問題です。

第3部　事例編

第7章

保護者面接の架空事例

1. 架空事例⑥

- Fさん：中学2年生男子の母親
- 主訴：子どもの不登校，ゲーム依存
- 家族構成：本人・夫・中2息子・小4娘
- 来談経緯：「相談室だより」を見て電話申し込み。
- 確認事項：不登校の子どもがSCにかかっていないため，担任に詳しい状況確認。中2の1学期から不登校に。子どもは担任からの電話も拒否。母親にSC相談を勧めたことはあった。不登校理由は不明。なんとなく行きたくないと言っている様子。友人は少ないが，クラスでゲームをする仲間はいた。彼らによると，今もオンラインゲーム上では元気なよう。担任と母親は一度会い，その後電話で数回話している。

面接経過（初回面接）	背景で考えていること／解説
・SC（自己紹介の後）「お子様が学校にいらしてないことでよろしいでしょうか」 ・F「はい。（経緯説明）理由は本人もよくわからないようです。朝起きてこなくなって」	・電話で主訴を受けているため，すぐ切り出す。が，不登校という単語は相手が使うまで控える。

・SC「成育歴と言いますが，生まれてから今までのお子様のこと教えていただけますか？」 ・SC（一通り聴いてから）「検診で気になることはありましたか？」「お子様にとってショックな出来事は以前にありましたか？」	・保護者しか知らないことですので等，その情報が貴重なことを伝える。 ・3歳児検診や就学前健診，トラウマ体験等も確認。
・SC「お母様から見て，お子様はどのような性格ですか？」 ・F「頑固でこだわりが強いです。小さい頃は自分のペースを乱されると癇癪。成長すると少なくなりましたが。一度こだわると変えません」	・母親の相談意欲が高い場合，ていねいにインテーク情報で必要なものを確認していく。 ・発達障害あるか？　ASD傾向？
・SC「学習面はいかがですか？」 ・F「数学はそこそこ。国語が苦手で作文が今でも書けなくて，宿題になるとイライラしています」 ・SC「体育や美術，技術は？」 ・F「苦手ですね。特に体育は」	・やはり発達特性あるかな？ ・劣等感コンプレックス？
・SC「家族構成は？　仲はどうです？」 ・F「父親とはあまり話しません。妹とは性格似ていて，どちらも譲らなくてけんかが多いです。唯一私と話しますが，反抗も多いです」	・反抗期？　家族は発達特性に対応できていない？ ・妹も父親も似た傾向？

・SC「あ,もうお時間ですね。本日は貴重な情報,ありがとうございました。担任にも伝えてよければ,一緒に検討します。来週またいらっしゃれますか?」	・見立てや方針を伝えられない場合,ねぎらいと感謝を伝え,来談の意義を感じてもらう。

面接経過(♯2以降)	背景で考えていること/解説
・SC「1週間経ちましたが,どうですか?」 ・F「変化ないです。ゲームばかりですが,制限したほうがよいですか? 2時間と約束したのですが,守らなくて,言うと怒鳴ってくるので,けんかに」	・現状の一番困っていること,嫌なことを訴えてくる。
・SC「ゲームばかりというのは,いつやってます?」 ・F「朝起きてすぐ。私も仕事で出ますが,たぶんずっとですね。帰ると動画見てるようです。夜も,友達とゲーム」	・ゲームばかりは,あるある,と感じてしまうが,詳細を聴いてから判断。自分の中にある考えに飛びついて助言しない。
・SC「お父様はどうお考えで?」 ・F「主人は何も言いません。お前(F)が悪い,と。主人も休みの日は部屋でゲームです」 ・SC「お父様は学校行っていないことについては?」 ・F「ほっておけ,お前が悪い,のみ。普段からあまり子どもと話さないので」	・家族,特に父親の考えや状況を確認。 ・Fさんの孤立を理解。 ・不登校について,その他,父親のかかわりを確認。 ・父子,夫婦の関係も確認できた。 ・やはり,Fさんの孤立への共感を。

第7章　保護者面接の架空事例

・SC「たしかにゲームやりすぎのようですね。しかし今の状況でお母様だけで制限かけようとすると，お子さんとけんかで終りますね」 ・F「はい。どうしたら？」	・共感，支持してから，助言や提案に入る。
・SC「なかなか明確にご助言できないのですが，今は母子のコミュニケーションを断たないほうがよいと思います。ゲームのみ取り上げず，お子さんとのやりとり全体をよくしていくことを考えましょう」	・相談者は一つの具体的な問題にどう対応したらよいかにはまってしまっている。それに具体的な助言が難しいときは，問題を大きくとり，方向性のみ示す（ただし，これのみ続けると，抽象的な助言のみでFさんの不満も出るかも）。

〈解説〉

　児童・生徒本人がSCとの面接に来談できず，保護者面接のみとなっている架空事例です。不登校ではこのようなケースはけっこうありますね。不登校の大きなきっかけは思いつかず，性格や認知特性，発達特性も面接にきてくれる保護者から聴いて判断するしかない難しいケースです。なので，本人への見立てはとりあえずのものとしますが，それでも母親来談の意義は大きいです。家庭の様子や本人の幼少期の様子といった情報を得ておきます。同時に，母親への支持や心理教育，場合によっては簡易的SSTも必要。母親が安定してくれば，子どもによい影響が出ることも期待できますし，来談への印象もよくなるかもしれません。母親がよいSCと言っているなら行こうかな，とか。もちろん親子関係や本人の傷つきや病理の重さによってはそう簡単ではありませんが，いろいろな支援につながるルートを構築することはSCの大きな役割です。

　このケースの場合，今後の展開としては，母親相談を続け，本人の

来談をうながしていく。手紙，電話も検討します。難しければ時期を見て適応指導教室を勧め，それも無理であれば不登校でも進路はあると母子に伝えていくことですね。また，丁寧に発達障害の可能性をほのめかし，医療を勧めてみる必要もあるかもしれません。その判断も母親面接を重ねて判断し，信頼関係を構築してからになります。

　ゲーム依存の相談は，近年とても多いです。判断がとても難しく，個人差が大きいので安易に制限の助言はできません。というのは，まず，ゲームの制限は家庭で，しかも母親のみで他の家族の協力が得られない場合，不可能に近いからです。また，オンラインゲームの場合，不登校児によい影響があることがけっこう多いのです。友人とつながっている場合もあるし，知らない人とハンドルネームでやっている場合も自分が不登校だとチャット等で打ち明けていることあり，助言や励ましをもらっていたり，進路の時期になるとそろそろ勉強しろよ，といった話が，年上のネッ友（ネット上で出会った友だち）からされることもあります。悪い人物につながることもありえますが，割合だけで考えると少ないように思います。ただし，実際に現実の世界で会いに行かないよう，保護者経由で警告しておく必要があります。夏休み等長期休み中は特に要注意です。その意味でも親子関係をよくし，家庭は居心地よくしておく必要もあります。

　一方，保護者はゲーム三昧の子どもに心配や苦々しく思うことが多いのも事実。保護者面接ではそこに共感や支持，助言することも必要です。そのうえで，子どもにとって，現代社会でゲームをやめることがいかに難しいか心理教育し，一緒に考えていくことを示しましょう。ゲーム依存だけでなく，保護者は目先の問題にとらわれがちです。その解決が第一に必要なときは焦点化してもよいのですが，事態が単純ではないときは，保護者にも長期的で広範囲に考えてもらうように助言することも大切です。ゲーム依存にとらわれると，なかなか解決しない事態を延々と考えることになり，自分やSCへの不全感や無力感，子どもへの怒り，といったネガティブな感情

にとらわれがちになります。とはいえ具体的な解決策や対策もしないとやはり不全感や無力感も出ることがあるので，扱うバランスが難しいですね。

2．架空事例⑦

- Gさん：中学3年生女子の母親
- 主訴：自閉症スペクトラムの娘の対応
- 来談経緯：電話にて申し込み。電話によると，中3の娘の家庭での対応に苦慮している。片付けをしない。勉強をしない。帰宅するとすぐゲーム。平日は2時間以内としているがオーバーし，取り上げようとするとけんかになる。休日は一日中。部屋も散らかり，服は脱ぎっぱなし，お菓子や飲み物のごみも捨てない。自分がときどき部屋に入り捨てている。障害があることはわかっているが，つい怒鳴ってしまう。クリニックには月に1回通っているが，医師からはとくに助言はない。娘の特性についても，いまいちわからない。
- 確認事項：知能検査のデータがあるか。片付け等しないときに母親がどう声かけしているか，タンスや棚の様子を母親と学校に確認。学校では問題あまりなく特別支援は受けていない。学校に提出されたWISC知能検査の結果によると，言語理解は高い，視空間は低い，ワーキングメモリーがもっとも低い。

第3部　事例編

面接経過（初回面接）	背景で考えていること／解説
・SC「お電話でこれまでお母さんがいろいろがんばってこられたことがわかりました。でもあまりうまくいっていないんですね」	・まずは支持，共感。
・G「そうです。怒鳴っても仕方ないとわかっていますが，他にどうしようもなくて。女の子なのにだらしないのは，まずいと思います」	・母親の考えも確認できる。
・SC「これまでおひとりでやってきて，お子様の特性に合わせた対応を助言されてこなかったようなので，難しいのは当然です。一緒に考えてみましょう」	・支持しつつ，これからは別の方法を試していこうと提案。
・SC「まず片付けから。これまでは散らかる前にこまめに声かけしてきて，でもやらないので，最終的には怒鳴ってしまう。学校から見せていただいたWISCによると，ワーキングメモリがかなり低くなっています。そうすると耳から聞いた情報を処理するのが苦手かもしれません。声かけに生返事で，認識していないのかも」	・事前確認したWISCを参考に，子どもの特性，片付けへの困難さを予想。行動もそこから生じていると心理教育。
・G「ああ，そうかもしれません」	

第 7 章　保護者面接の架空事例

・SC「そうすると, お子さんとしては, 認識していないのに, いきなり怒鳴られたように感じてしまって, けんかになるのかも。あとは, 視空間も低いので, そもそも片付けが苦手かもしれません。片付けは女の子だからとかは関係ないようです。苦手なことをやれやれ言われて反発してしまうかも」	・特性だけでなく, そのような特性をもった子がどのように感じているか, イメージしているか, 世界観を持っているか, も想像。 ・"らしさ"を重視している保護者はまだ多い。その価値観を変える権利は SC にはないが, 少なくとも今困っている問題については, "らしさ"にとらわれず, 認知や発達特性からの理解に切り替えてもらう。
・G「あ〜そうなんですね。ついつい, なんでできないの！ と思ってしまいますが」 ・SC「人によって得意不得意あって, WISC は参考になります。じゃあ, どうしたらよいか, ですよね。基本的には, ルール化して本人にも納得してもらい, できること, 小さいことからやっていきます。あとは耳からの情報が苦手な人には, 視覚的にわかるように。服であれば, わかりやすいようにタンスの引き出しに何を入れるか書くとか, 洗濯物は洗濯機のある所まで遠いようなら, 彼女の部屋のすぐ外にかごを置いてそこにいれてもらうとか」	・スモールステップ。 ・視覚的構造化。 ・いくら有効な方法でも, 現実的に実行可能かが重要。それは母親に判断してもらう。

・G「それならできます。かごにも張り紙したらよいですかね？」 ・SC「おお，それはよいですね。大き目の張り紙で一目でわかるもの，イラスト等でごちゃごちゃしないものがよいでしょう」	・当事者からのアイデアは尊重。SCも思いつかないアイデアが出るかも。それに乗ってさらに有効にするための助言も。ただし，合わないものや理解が不十分なものが出てきたら丁寧に説明。

〈解説〉

　発達障害の心理教育，保護者コンサルテーションともいうべき架空事例です。家庭の環境調整の事例とも言えるかもしれませんね。TEACCHの考えを参考に，家庭で自閉症スペクトラムの子どもの認知特性に合った環境を作ってもらいます。これも保護者面接の大きな意義です。ほとんどの保護者は，発達特性に合わせて家庭環境を変えるという発想を持っていません。それゆえ，SCの役割は重要です。そしてSC面接に保護者が来てくれるという有難さを十分活かしましょう。ここで，話を聴くだけのカウンセリングにとどまることは保護者にも生徒にとっても支援になりません。発達障害の第一支援策は環境調整，構造化であると，もう一度認識しましょう。

　環境調整には，まず保護者に発達障害への正しい知識と情報を持ってもらうことが大切です。"わざと"や"気持ちの問題"，"育て方"といった言葉は，保護者自身も言ってきたかもしれないし周囲から言われてきたかもしれません。ベースに認知特性があること，それは誰かが悪いことではないと伝え，環境を工夫すれば大丈夫という希望を感じてもらうことが重要です。

　支援を組み立てるのに，知能検査の結果があれば有効な情報になります。加えて，SCは観察や担任からの情報，児童・生徒との面接もできますので，今後は検査結果だけではなくそれらを組み合わせて考えていきます。また保護者と丁寧に話し合って，構造化が可能かの確認も必要です。買ってもらうもの(絵カードを貼ってもらうホワイ

トボード, 時間のわかりやすいタイマー等々) も出てくると思うので, 保護者の希望や家庭の状況をしっかりと丁寧に確認しましょう。

また, 認知特性だけでなく, 子どもの立場や気持ち, そして自己イメージや世界像をどう見ているかを想像することも心理の専門家には必要でしょう。それを, あくまで仮説, 私の想像として, 伝えていきましょう。この理解が保護者からも子どもへの理解を深め促進することになることが多いです。もちろん, それも我々の仮説になるので, 新しい情報を得たらブラッシュアップしていきます。

最後に, 自閉症スペクトラムは昔でいうところの男性的な要素が多い特性です。女性の自閉症スペクトラムの方は, 昔ながらの女性像を求められて定型発達の女性以上に苦しんでいることがあります。この架空事例でも, 母親は我が子が女性として求められる片付けができないことを問題視していますが, それは性別ではなく各人の認知特性によって得意・不得意があるという理解も進めていきましょう。とはいえ, 相談者の価値観を否定する権利は私たちにはないので, そこは注意してください。あくまで自分の知る情報, 理論の提供という範囲でとどまる心がけでいましょう。

3. 架空事例⑧

- Hさん：小学3年生男子の母親
- 主訴：子どもの発達障害にどう対応するか→DV被害
- 家族構成：本人・小3息子・夫
- 来談経緯：AD/HDの子どもの対応について相談したいと電話があり来談。最初は子どもの家庭での困りごとであったが, 父親（夫）が子どもにまったく対応していないこと, 話に出てこないことから, SCが「ご主人はどうお考えなのでしょうか？」と聞いたことをきっかけに, 子どもにはないが夫から暴言暴力があること, ほとんど会話はなく, 子どもも夫を避けていることが語られた。4回目の面接から, 子どものことではなく, 夫

のDVについてが相談内容の大半を占めるようになり，離婚も考えていると話された。
- 確認事項：担任はじめ教員に，該当の児童の様子を聞く。落ち着きない点はあり，忘れ物も多い。対人関係は問題なく，友人もいる。支援シートは出ていない。通級，取り出し授業，支援員等の特別支援もなし。学力は平均より少し下くらい。

面接経過（#4以降）	背景で考えていること／解説
・SC（DVについて聴いた後）「ご主人のDVは暴力も？　お母様もお子さんもやられているんですか？」 ・H「子どもにはないです。悪いことした時に怒るのはありますが,手は出ないです。私にのみ。馬鹿にするような言い方はいつも。言い返したり酔っぱらっているときは叩かれます。ひどい怪我はないけど,あざになったことも」	・DVの程度によっては身体生命の危険も。子どもへの虐待になっているかも確認。
・H「私ががまんすればとりあえず家庭はまわっているので,それでよいのでしょうか。離婚も考えますが,私には経済力もないし,実家は遠方で両親も高齢で病気がちで心配かけたくないし」	・孤立している。

第7章　保護者面接の架空事例

・SC（一通り聴いてから）「これまでずっとがまんされて大変でしたね。でもお母様のみががまんする夫婦,家族関係というのは,やはり健全とは言えないのではないでしょうか。もしよければ,区役所に女性センターがあるので,そちらに相談してみるのはいかがでしょうか？」（相談室にある女性センターのリーフレット渡す） ・H「こういう所があるんですね。連絡してみます」	・支持,共感。 ・リファー先紹介。リーフレットが複数ある場合渡す。1部しかなければコピー。
（2週間後の面接にて） ・SC「女性センターに連絡されました？」 ・H「いいえ,忙しくて」 ・SC「DVは変わらず？」 ・H「はい」 ・SC「こちらではお子様の対応についてのお話しがメインになるかと思います。でもDVのほうも心配ですので,そちらはぜひ女性センターで話してみてください。すぐに離婚とかのような大きな決断を迫られるとかご主人に伝わることはないと思います」 ・H「わかりました」	・リファー先につながったか確認。 ・スクールカウンセリングでは保護者の問題を扱えないと自然な流れで説明できた。

・SC「もしご希望なら，私からセンターに情報をお伝えしておくことも可能です。でも，ご本人のお申込みが必要ですので」 ・H「そうですね。では情報お伝えしていただいてもよろしいですか」	・来談意欲を高めるためにも，こちらからの情報提供を申し出る。

〈解説〉

　基本的には保護者自身の悩みや問題，障害や疾患は，スクールカウンセリングでは扱わないことが原則です。しかしもしかしたら初めて他人にその悩みを話した，他に誰にもどこにも相談していない，といったこともありえます。初めての，唯一の援助希求かもしれないときに，それはここでは話さないでください，という無碍な扱いはできませんよね。まずは受け止めつつ，危機対応と同じように，最初に危険度や緊急度を計ります。もし高いようなら，すぐリファー先を検討ですね。それほど高くない場合は，リファー先を検討しつつ話を聴く程度にとどめ，セラピーしない，解釈しない，支援法を組み立てることはしない，等々，深く扱わないようにします。そして，スクールカウンセリングでは子ども，学校に関係する相談に限定されることをていねいに，あるいは自然な形で説明しましょう。また配置されたら，初期にリファー先，保護者の相談先のリストを把握しておくべきでしょう。リーフレットやパンフレットも，相談室になければ関係機関や教育委員会に連絡して送ってもらいましょう。

　リファー先につながったら，やはり基本的にはそちらに任せ，スクールカウンセリングでは話題にしないようします。ただし，現状やリファー先との相談状況の確認程度は必要でしょう。この架空事例では，母親相談では子どもとの関係や子育てを話しつつ，女性センターではどうなっているか，DVはその後どうか，くらいは聞い

ていくと思います。

 ただ,保護者の問題が子どもとの関係や子どもの状態に影響している場合は,この判断は難しいですね。たとえば,前の架空事例⑦で母親が「私も完璧主義で,きちんとしていないと気が済まなくて」とお話しされた場合,母親の完璧主義や白黒思考といった認知の偏りを訂正するカウンセリングが必要かもしれません。保護者対象の本格的な認知行動療法は SC の役割ではないかもしれませんが,スクールカウンセリングでできる範囲でやれることもあります。まあ,こうなると,心理教育やコンサルテーションとの区別が難しいですね。この架空事例でも,援助を求めることを助言したりコンサルテーションしているとも言えます。また,その過程で,お母さんのストレスや夫婦関係が子どもに影響しているかもという話をするかもしれません。それも子どもの心理状態の心理教育とも言えますね。

 保護者の悩みや問題を担任や学校側に伝えるかどうかです。子どもにも父親からの暴力や暴言がある場合は,虐待ですので報告すべきですが,DV が母親のみへの場合,また母親の精神疾患等は判断が難しいです。基本は相談者に確認しましょう。「このお話,担任の先生に報告してよいですか?」とか。子どもへの影響がさほどないと思われる場合は,SC のみで留めておくほうがよいかもしれません。しかし DV を子どもが目撃しているとか DV からくる母親の不安定さが子どもに影響しているような場合は,集団守秘義務を徹底して児童・生徒理解として学校側と共有することも考えます。

4.架空事例⑨

- I さん:中学1年生女子の母親
- 主訴:子どもとの関係(虐待,ヤングケアラー)
- 家族構成:本人,中1娘,4歳息子
- 来談経緯:学力が低く,シャツも汚れがちな女子生徒を学校が心配し,担任が生徒から話を聴いた。母親の帰りが遅く,夕食

は自分でコンビニで買い,その他4歳の弟の面倒をみている。母親とはよくけんかをし,どなり合いやたたき合いになることもときどきある。この話をしたことは母親に言わないでほしい,とのこと。
・校内委員会で検討し,虐待に触れずに工夫して母親をSCにつなぐことに。母親に来校してもらい,信頼されている学年主任も交えてSC相談するよう説得した。
・確認事項:学年主任と担任からは,子どもをたたく件は触れておらず,子どもの生活習慣の乱れというテーマでかろうじて同意したとのこと。

面接経過(初回面接)	背景で考えていること/解説
・SC(自己紹介の後)「では,本日はどういったご相談でしょうか?」 ・I「私からの相談というか,学校から聞いてないんですか?」	・主訴の確認は始め方として基本だが,来談意欲が低い場合は,望ましくない始め方。 ・来談意欲や来談経緯の事前確認を怠るとこうなる。
・SC「申し訳ありません。SCは学校からの独立性もあり,ごく簡単にしか状況を聴いておりませんので,お母様からきちんとうかがうことが大事かと思います。よろしいですか?」 ・I「子どもがなかなか言うことをきかなくて,勉強もしないのを先生から問題だと言われ」	・相談者への失礼やミスがあったわけではないので,簡潔に謝罪し,説明する。 ・生徒からの希望で,こちらから言える内容,情報に十分注意。

第 7 章　保護者面接の架空事例

・SC（母親の話を聴けるだけ聴いて）「お母様としても，お困りでしょう。少しこちらでご相談していくのはいかがですか？」 ・I「そうですね」 ・SC「学校からのご紹介とのことなので，お話しされた内容を共有してもよろしいでしょうか？」	・事前情報で母親を責めたくなるが，母親面接ではあくまで母親の立場を支援する姿勢で。 ・集団守秘義務確認。

面接経過（♯2以降）	背景で考えていること／解説
・SC「あれからどうですか？」 ・I「変わらないです。相変わらず勉強はしないし。少しでも私が言うとすぐカッとなって」 ・SC「お母さんもお忙しいので大変でしょう。カッとなるとのことで，家庭で言い合いになると親子げんかになることも多いですよね」	・事実確認として，Iさんを責めない雰囲気で聞く。一般論としてけんかも多いと導入。
・I「ついなりますね。こちらもカッとしますので」（苦笑） ・SC（少し笑い）「親子は距離が近いので感情的になりますねえ。叩いたりもあります？」 ・I「あります。私も叩きますし」	・共感，支持してから，助言や提案に入る。 ・本人の口から事実確認できた。

・SC「それは大変ですね。もう少し穏やかにやりとりできるといいけど」 ・I「そうなんですけどね」 ・SC「こちらでお子様とうまくやりとりできるように話し合っていきましょう。ところで,こちらは夏休みが空いたりしますし,もしよければ,学校外の相談機関に行かれてみるのもどうですか？」 ・I「忙しいので難しいです。学校の相談室は近くて来れますが」	・親子のやりとりに問題があると認識持ってもらえた。 ・事実確認として,他意ないように聞く。
・SC「なるほど。家庭訪問してくれる機関もあるので,まあすぐにではなくても検討してみましょう。私からも情報提供しますがよいですか？」	・最初は軽くふれるしかできない。 ・集団守秘義務の許可取りをしておく。
・(数カ月後) SC「保護者と子どもの相談にのってくれる子ども家庭支援センターが,学校でお母様とお会いできるとのことですが,どうです？ 私も同席しますので」 ・I「あーはい。お願いします」	・SCと母親の関係性ができているなら,SCの同席は母親の抵抗感,不安感を減らす。

第7章　保護者面接の架空事例

〈解説〉

　虐待あるいは不適切養育の面接をどうしたらよいかは，SC活動の中でもかなり迷うものだと思います。これもリファー事例とも言えますが，後で保護者面接ができない虐待事例を紹介しますので，ここは保護者面接ができた例として想定してみました。

　この架空事例で大切なこととして，最初に確認事項をきちんとしなかった例にしています。これは虐待や保護者面接に限りませんが，臨床編ですでにお話ししたように，主訴や問題意識を相談者が持っているとは限らないんですね。また，問題が当事者と周囲でずれていることもあります。難しそうだったり，複雑な事情や条件がありそうなケースでは，事前にリファー元や関係者への確認，情報収集を必ずしておきましょう。特に来談意欲が低い場合，リファー元から無理に勧められたり連れてこられた場合は重要です。

　またこれは面接が進展してからですが，本来の主訴やテーマとずれた話ばかりになった場合，主訴にこちらから戻してよいかの参考になります。児童・生徒面接であってもこれは同じですね。そういった場合，スクールカウンセリングに消極的というか，拒否的，攻撃的，ということもあります。見るからに不機嫌そう，壁がありそうな態度で来談する人もいます。その雰囲気にのまれてはならないのですが，逆にこちらも攻撃的になったり壁を作るのも避けたいところです。これは私もまだまだ未熟ですが，相手の雰囲気や気持ちと，こちらがなすべきことを離して考えましょう。特に虐待や不適切養育の場合は，相手の不機嫌さや攻撃的な態度があっても，それはそれで，虐待への対応をすべきことと考えて，かつ関係を持ち維持するためにはどうしたらよいか，が検討事項となります。

　SCが学校で出会うケースとして，虐待までいかない不適切な養育というほうが数としては多いでしょう。でも線引きは難しい。特に子どもの心の傷や影響を考えると，多少軽いからよいという問題ではないので，どちらも重要な案件と考えて対応しましょう。この

架空事例も、この事態をなんとかしようという姿勢で介入していきます。そして、最終的には子ども家庭支援センターや児童相談所へのリファーを目標にします。架空事例では、確認事項を怠り通常の相談のように開始して、一瞬母親の不信感や意欲の低下を招いたかもしれません。また、虐待や体罰を語らず子どもの問題としている態度に、SCが母親に反発も感じています。その立て直しを図るべく、まずは母親との関係構築、そのため母親の困りごと、主訴に乗っていきます。虐待を認めない保護者の場合、来談の維持がまずは目標です。

そして、虐待や体罰など持ち出しにくいテーマは、一般論として切り出す方法を私はよくとります。「一般的にこういう傾向がありますがどうですか？」とか、「こういうことって多いですよね〜」とかの言い方をし、そのテーマを話し出してくれやすくなるよう、呼び水をします。保護者本人から虐待や体罰が聞き出せたら、それを中心のテーマにしやすくなります。その際も、最初からそれはよくないことと伝えるか、まだ支持や共感をしたほうが関係を維持しやすいか考えながら進めます。これまで保護者に支持、共感してきて、そのテーマになったらすぐに指摘や批判的になると、関係が崩れるかもしれません。すぐにでも体罰をやめさせたいと思いますが、そこをこらえてよりよい方向に展開するのはどちらか検討しながら相談を続けましょう。

SCとの面接が普通のこと、自然なことと感じられるようになっていると、SCが勧める支援機関へのつながりも抵抗が少なくなります。この架空事例ではSCの立ち合いが母親の支援機関へのつながりに助けとなると考えています。これは母親の不安感や抵抗感を減らし動機を高めることのなると判断してるわけですね。この後の展開としては、子ども家庭支援センターに虐待の相談、子育ての問題は任せることになると思います。しかしスクールカウンセリングも途切らせず、連携もとって多方面から親子を支援していけるとよいと思います。

5. 架空事例⑩

- Jさん：小学5年生男子の父親
- 主訴：子どもの衝動性
- 来談経緯：衝動性が強く，他児への暴言，暴力が多い男児。担任が指導してきたが，ハサミでクラスメイトの持ち物を傷つける事態が発生。担任から両親に状況報告と相手保護者への謝罪を勧め，その過程でSCも紹介。父親が在宅勤務で時間を作りやすいとのことで，父親の来談となった。
- 確認事項：児童の個別支援シートの提出や診断の有無を確認したが，提出なし。家庭調査票にも特記事項無し。昨年度以前の担任，学年主任，養護教諭に確認したところ，1・2年生のときもかなり暴言，暴力があった。学年が上がるにつれ落ち着いたが，保護者は特別な対応はしていなかった。担任が事件を報告した時点では，「うちの子だけが悪いんですか？」と多少不満そうだった。

面接経過（初回面接）	背景で考えていること／解説
・SC（自己紹介の後）「先生からのご紹介で」 ・J「はい。学校で乱暴なところがあるようで。家ではそういう様子はないのですが」	・保護者自らの申し込みでないときは，来談の流れを言うほうが安全。
・SC「私も学校の様子は少し見ていますが，確かに衝動的なところがあるようです。学校外の様子をお教えいただけるととても助かります」	・相談者の言葉を使うことが望ましいが，乱暴よりは衝動のほうがよい？ ・事実ははっきり伝えつつ，親子とも責めているのではなく，協力したいと感じてもらう。

・J（家や習い事では衝動的な面がない事実伝え）「どうして学校でだけなるのでしょう？」 ・SC「考えていきましょう。お子さん本人は何か言っていますか？」 ・J「○○さんが悪い，先生が嫌だ，と言っています」 ・SC「小さいころの様子をお聞かせいただけると（成育歴）」 ・J「幼少期はかんしゃくがありました。小1のころはやはり学校から連絡くることが多かったですね。今回トラブルの子からはよくちょっかい出されていて。でもだんだん落ち着いていきました。5年になってからまた連絡来るように」	・SCとしてもすぐに答えられない。 ・学校で衝動的になる理由はまだわからない。 ・成育歴の聞き取りは通常の面接という雰囲気で，子どもの原因を探るのではないと理解してもらう。 ・事実の認識はしている。しかし他責的か。
・SC「お父様としてはどう思われます？」 ・J「今年の担任と相性悪いと思います。細かいことをいろいろ言われると不満言ってます」	・他責的ではあるが，確かに担任は細かいタイプ。
・SC「すると，どうかかわると落ち着いていくか，お父様からもヒントいただいて，一緒に考えていきましょうか」	・他責，自責ではなく，これからどうしたら子どもの役に立てるかというテーマに。

第7章　保護者面接の架空事例

面接経過（♯2以降）	背景で考えていること／解説
・J「少し落ち着いたようですが、どうしてクラスだと衝動的になるんでしょう？」 ・SC「先生や他の子から言われたりされたりすることで、特にお子さんが反応しやすいのは？」 ・J「う〜ん、馬鹿にされたときですかねえ。できないことをなかなか認めないところがあるので」	・質問の背景には、純粋に知りたい（理性で把握したい）と他人のせいではという思い。 ・クラスでは、というおおざっぱな理解でなく、反応しやすい刺激の詳細に迫っていく。 ・少し、子どもの要因が出てきた。
・J「どうしてうちの子はこうなるのでしょうか。妻の弟が似たタイプなのですが、遺伝でしょうか？　生まれつきのもの？」 ・SC「まだよくわかりませんが、脳や神経系に原因があることもあります。しかし、教育相談だと、そこを考えるより、本人への適切な教育と環境調整を考えたほうが効果的だと思います。もし医療への相談をお考えでしたら、それもよろしいかとも思います」	・やはり他責的ではあるが、原因や責任をはっきりさせたいという気持ちも強いよう。 ・理解したい気持ちが強い場合、ある程度、可能な限り答えつつ、実効性のある相談に戻す。 ・同時に、薬や医療的措置の情報も提供する。

〈解説〉

　最近は父親の来談，あるいは両親での来談も増えています。子育てに父親が参加する率は増えていて，よいことだと思います。特に在宅ワークの増加は，父親も子育てや教育相談に母親以上に参加できる機会にもなっているようです。

　父親が母親以上に他責的な傾向が強いというわけではないのですが，この架空事例では，他責的なシチュエーションを想定してみました。当然母親であっても自分の子どもを中心に考えて事態を客観的に見ることができないケースはあります。ただ，担任の対応やクラスの環境，友だちの行動に影響を受けるケースもとても多いので，保護者や児童・生徒本人の気持ちや考えを聴くことは最重要です。周囲の対応や環境調整は第一選択支援法です。一方で他責的な発想は，本人が変わる機会を奪うことにもなりかねません。また，もし何らかの障害や疾患がある場合，その発見や受容が遅れることにもなりかねません。支援の遅れや見当違いの支援や対応の原因にもなってしまいます。また他責的な姿勢はSCや担任も保護者に悪感情を抱き，連携にも影響することになり得ます。

　この場合，心理の専門家としてSCの姿勢としては，2つ想定されます。1つは，他罰的，他責的にならざるを得ない心理に寄り添うことです。他責的になる人には，そう思わざるを得ない現実的，心理的事情があるので，一方的に責めず，その事情を理解し共感する。これは心理職ならではの役割でしょう。あ，ただし，その共感や支持は，他者を原因や悪者にする考えに共感したり支持するのではないですよ。それをしてしまうと，SCという専門家がその要因，悪者を認めたことになってしまいます。そんなつもりはなくても，共感や支持の姿勢をとると，相談者としては，賛成されたと思ってしまいます。

　なので，心情や状況を理解したうえで，もう一つの方法をとるのが良いと思います。そのもう一つの方法は，SC自身が他責，自責

にとらわれない，こだわらないということ。児童・生徒の問題行動や症状に対し，誰かが何かが悪いという原因探しをするのではなく，解決につながる道を探す態度でいることです。架空事例⑩ではその態度でいます。父親本人が考えた原因を否定はしませんが，同意もしません。支援につながるにはどうしたら，という話を進めます。もちろん，その過程で原因や悪影響を及ぼしている要因を探る必要が出てくるかもしれません。その場合は父親の考えやSC自身の考えを正しい，真実とするのではなく，一緒に探るという姿勢を示しましょう。

　なお，他責的，他罰的な姿勢の保護者が持ち出す原因としては，担任のせい，クラスメイトのせい，学校全体の雰囲気や方針のせい，遺伝（自分でない），といったものが挙げられます。我々が想定してしまう原因はトラウマ，家庭環境，発達特性が多分多いのではないでしょうか。そこで齟齬が出てしまうことになります。授業観察や成育歴等から見立てて，保護者の言う原因がSCとして納得できるものでないときは，保留しつつその保留を保護者には納得してもらうようにしていきましょう。「まだわかりません。一緒に考えていきましょう」という方向で納得してもらうように，ですね。

　おまけですが，私はときどき，社会全体の方向性や流れが子どもたちに影響していると感じるときがあります。でもこれは社会論としては興味深いのですが，社会の問題点を指摘しても具体的な支援にはなかなかつながらないのがもどかしいですね。

第3部 事例編

第8章

学校内外連携の架空事例

　本章では学校内での連携と外部機関との連携の架空事例を考えてみました。リファーを基本とした事例ですので，やり取りの描写は簡潔にしています。架空事例の概要を読んでから，誰と，どこと連携するか，を解説を読む前に考えてみましょう。事例検討に唯一絶対の答えはありませんので，解説はあくまで筆者ならこう考えるというものです。

1．架空事例⑪

- Kさん：小学6年生女子
- 主訴：いじめ。新学年になってしばらくすると，無視されたり陰口を言われるようになった。またときどき物がなくなる。担任がいるときは起こらないが，休み時間にはひどくなる。
- 家族構成：父・母・本人
- 来談経緯：本人が昼休みに来談。上記の主訴について語る。
- 確認事項：今回は本人の直接来談のため，教室での様子や発達特性等の確認事項は相談後になる。相談時に本人に行う確認事項は，他の人に相談しているか，友人・味方はいるか。LINE等ネットでのいじめはどうか。母親には相談している，友だち

はいるが、その子もいじめ加害者がいるときはおとなしくしている、ネットでのいじめはない、とのこと。

〈解説〉

この架空事例では、というか、いじめの相談は、担任へのリファーをすべきでしょう。いじめ相談の場合、支援者の動きは早めにすべきです。SCの役目としては、相談してくれたことを支持しねぎらい、いじめのつらさに共感していきます。そして「SC相談ではあなたを支えることしかできない、クラスで起こっていることはやはり担任に相談しよう」とリファーの許可を取っていきます。担任へのリファーが拒否された場合、保護者に相談しているか確認し、保護者と協働の許可をとります。もしKさんの状態やいじめの重さによっても保護者にも連絡すべきかと思います（リファーが拒否された際の対応は「第4章 臨床業務各論 1．多（他）職種連携と守秘義務」を参照してください）。担任にいじめ解決のリファーをし、SC相談ではKさんを支え続けましょう。もし担任がいじめ解決に関し心理学的な助言を必要とした場合は、コンサルテーションに入ります。また、次の勤務では担任に動きと状況を確認し、解決していた場合は本人のフォローをして終結します。

もし、客観的な事実や状況をSCが知っていて、いじめが事実でなくKさんの思い込みや虚偽、操作性を感じるとしても、とりあえず事実として受け止めて共感や支持は必要です。そのうえでそのような思い込みや虚言をしている理由を探り、そちらに相談の焦点を徐々に移します。思い込みや虚言について直面化させなくても、SCの共感や児童・生徒に関心を寄せて寄り添うことで自然に解消していくことも多いです。

2．架空事例⑫

・Lさん：中学2年生女子

- 主訴：虐待，不適切養育
- 家族構成：本人・母親
- 来談経緯：授業中やる気がなく，身体の不調を訴えて保健室に来談することが多かった。養護教諭と関係が深まり，徐々に家庭の状況を話すようになった。「母子家庭で母親は遅くまで働いている。勉強や整理整頓をしていないと怒鳴られ，叩かれることもある。また母親の彼氏がよく家に来ていて，かなり気をつかうので来てほしくない」等を涙をこぼして話した。養護教諭からSCとも話すことを勧め，連れられて来談した。
- 確認事項：外傷があるか，母親の彼氏からの暴力，性的な被害があるか。自傷行為，非行があるか。養護教諭の確認では，いずれもない様子。傷にはならない程度だが，自分の頭を叩く自傷があるとのこと。
- Lさんとの面接にて：母親からの暴力はケガをするほどではないが，連日ある。母親の彼氏からの暴力，性的な被害はないが，家はせまく，着替えやお風呂でかなり気をつかい疲れる。母親が働いて生活を支えているから，自分は親に文句を言う権利はない，と述べた。共感し受容しつつも，母親が働いていることとLさんがつらい思いをすることは別問題とていねいに説明し，母親に学校に来て話をすることはどうか聞くと，それはやめてほしいと拒否感が強かった。

〈解説〉

この架空事例では，虐待の保護者と会っていないケースを作ってみました。まず管理職への報告は必須でしょう。そのうえで，子ども家庭支援センター（以下，子家セン）か児童相談所へのリファーを検討します。目に見える外傷や性被害等がない場合，児童相談所より子家センのほうが受け付けてくれやすいと思います。まずは管理職へ報告し，子家センへ連絡してもらいましょう。Lさんには，外部機関で相談にのってくれたり助けてくれるところがある，そこに

連絡してよいか？と説明します。許可なくてもこの場合は連絡せざるを得ないですが、本人の許可をとれていないこと、母親と会えていないことを伝え、どう対応していくか連携します。管理職からSCがLさんと面接できていることを伝えてもらい、聞き取った状況や見立てを伝えていきます。子家センも児童相談所も、家庭にいきなり訪問したり保護者にアプローチする以外の手段もとれます。学校で子どもとのみ会うこともできますので、本人には対応の案、希望について話し合います。リファーできたら、虐待については子家センにお任せでよいと思いますが、SCのメリットは毎週〜2週間に1回会えるということがあります（月1回来校の自治体もあると思いますが……）。Lさんの一番身近な存在である学校で面接を続け支え続け、状況を追い続けましょう。また、SC以上に日々会える担任始め学校の教員もとても重要な支援者となります。勤務日のたびに教員へ状況を確認し、必要であればコンサルテーションも行っていきます。

　また、被害実態はまだ隠している可能性があります。面接を続けていくうち、あるいは教員と話すうちに判明するかもしれません。SCからていねいに被害を確認することにためらわないようにしましょう。もちろん、抵抗ありそうなのを無理に聞き出すわけではないですが。よく、スクールカウンセリングで深いところまで聞いてよいのですか？という質問を受けます。いや、聞くべきでしょう。事実確認はどれほどつらいことであっても必要です。ただし、セラピーに踏み込むのは、確かにスクールカウンセリングでは難しいでしょう。事実確認は恐れず、しかし判明した事実をリファー先に共有しセラピーや具体的な支援、対処は外部専門機関に任せる必要があります。スクールカウンセリングでは、支持、共感、受容まで。話してくれたことに感謝とその勇気を支持し、その場でもし本人の感情が乱れていたらSC自身は落ち着いて支え、その後の対応は外部機関にリファーしましょう。緊急性が高い事態が生じたら、管理職の判断を仰ぎます。なあなあで済ませ帰宅させることがないように注

意しましょう。

3．架空事例⑬

- M先生：中学3年生の担任
- 主訴：生徒の恋愛感情，付きまとい
- （生徒の）家族構成：本人・母親
- 来談経緯：ある女子生徒がクラスメイトの男子のあとをついて回る行動が出てきた。休み時間になるとそばに行き，男子生徒が男子同士の友だちとトイレや校庭等に行くときは廊下で待っている。他のクラスメイトがからかうこともあるが，男子生徒が落ち着いているので，クラス内で大事にはなっていない。担任が困惑しどう対応したらよいかわからないため，SCに相談があった。該当生徒本人はSC来談を拒否したため，養護教諭が話を聞いた。
- 確認事項：3年生になってからクラスで該当の女子生徒には友人がおらず，ほとんどクラスメイトと口をきかない。
- 養護教諭に語ったこと：「自分から好きになったのではなく，相手から好かれた。そのため自分も意識している。彼が日直のとき自分に目配せして好意を伝えてきた。また，SNSで自分に頻繁に『いいね』をくれる人がいるが，どう考えてもそのアカウントはその男子。塾の帰りに駅から家までその男子がついてくることがあった。そういう行動がなぜかわからなかったけど，自分のことが好きなんだと考えるとつじつまがあう」

〈解説〉

SCはもちろん，心理士（師）は診断はできません。とはいえ，青年期，思春期に発症しがちな精神疾患への知識は必須です。診断ではないにしろ，この架空事例では精神疾患の可能性ありと反応することは必要でしょう。そして，精神科・心療内科へのリファーが対

応となりますね。SCのみ，学校のみでの判断や対応は難しいでしょう。なるべく早く医師に診てもらいたいですね。医師に診てもらうためには，未成年の場合は保護者に状況を伝え，医療受診を勧めることになります。保護者には担任から連絡するか，担任か管理職と相談してSCから連絡することになると思います。いきなりSCが電話するのが驚かせる可能性があるときは，担任から連絡が自然でしょう。状況の伝え方によっては保護者が誤解する可能性もあると思うので，電話の際にSCがそばで待機して必要に応じて代わったりしましょう。面談でも養護教諭や学年主任，SCのいずれか（も）が同席したほうがよいかもしれません。電話にしろ面接にしろ，保護者に伝えるときは病名・疾患名は使わないようにしましょう。使うとしても，もしかしたら何かしら精神疾患かも，精神的に苦しい状態かも，という表現が良いと思います。他の勧め方としては，本人がつらそうあるいはこれからつらくなりそう，学校としても医師からの助言を受けたい，学校での対応に迷いがある，といった感じでしょうか。そのために，医療の判断があると助かります，としていく。医療受診後は，保護者を通じて診断や治療の状況を確認していくとよいでしょう。

　学校での対応のコンサルテーションとしては，担任に現時点での見立てを伝え，対応を助言。特に，周囲の反応に注意するようにするのが良いと思います。

　なお，思春期はさまざまな精神疾患と同時に，心理的な不安定さからさまざまな行動，状態を示します。精神疾患かもという可能性に注意を払うことは必要ですが，わずかな情報や知識（専門医に比べたら）で思い込まないようにしましょう。診察してもらったらまったく違うことや，時間が経つと問題が消えていったり別の状態像を示すことも多いです。

4．架空事例⑭

- N指導員：小学3年児童の対応中
- 主訴：教室に入れない3名の児童の対応，別室での過ごし方
- （生徒の）家族構成：本人・父・母
- 来談経緯：6月に廊下でN先生に話しかけられ，その後相談室で話を聴く。現在教室に入れない小学3年生の児童の対応をすることが多い。一番行動の激しい中心となっている児童は，1年生の時点で落ち着かなかったが，3年生になると4月中旬から授業にほぼ参加せず，教室の後ろや廊下，校庭に出て遊ぶようになった。それに連動するように，複数名の児童が同様の行動をとるようになった。特に3名の男子児童が，教員が指導してもなかなか通じない。強い指導には反発し，担任にはしないが支援員に暴言・暴力がある。N指導員は受容的に対応しているが，少しでも彼らの意にそわないことを言うと，暴言や暴力を振るわれる。このままの対応でよいのか，自分も最初は耐えられたが，最近はつらい。
- 確認事項：問題となっている児童の昨年度の様子，支援シートや診断，検査の有無，担任の方針，管理職の方針。保護者の考え。いずれも支援シートや診断はなく，担任も管理職も困っていて，対応はその場で教室に行くことをうながしたり席に着くような声掛けをしているのみ。ほぼ効果はなく，調子が良いときはその指導に従うこともあるが，たいていは3名の児童の気持ち次第。3人組になると授業妨害や離席，廊下や校庭で遊ぶといった問題行動が大きくなる。特に中心となっている児童は一人でも離席や暴言暴力が見られる。保護者は最初数回は担任との面談や授業の様子を見に来ていた。保護者が見ているときは比較的穏やか。しかし5月下旬ごろからは来校しなくなった。保護者は担任に，「きびしくしてください，体罰も容認します」

といった発言もあったが，当然学校として体罰やあまりに厳しい指導はできない。

〈解説〉

近年，小学校の低学年～中学年児童が教室に入れないケースが増えています。架空事例②とは異なり，登校自体には抵抗はなく，親子分離はできています。不登校ではなくほぼ登校はするのですが，教室や授業にはのっていけないケースですね。離席して教室の後ろにいたり，廊下に出てしまう，学校の空きスペースにいたり校庭に出て遊んでいることが多いです。学校の敷地から出て自宅に帰ってしまうこともあります。また，そのような児童に影響され何人かの児童も同様の行動をとったり，逆にその児童たちが嫌で不登校につながる子が出てくることもあります。そうすると学級崩壊となっていきます。

背景に共通の要因があるかはわかりません。学校や子どもの問題でなく社会の変化も影響しているかもしれません。ともあれSCとしては，具体的にどう支援できるか検討しましょう。

まず，この架空事例のような状況は，すでにSCも把握していることでしょう。もしかしたら離席している3人の児童に話しかけたり話しかけられたりもしているかもしれません。いろいろ考えたり心配したりしていたかもしれませんが，N先生からの相談をきっかけに本格的に介入を始めます。

まず，N先生はかなり大変，悩まれている状況だと思います。現在，このケースのような状況では，担任以上に支援員さんが活躍，そして苦悩していることがあります。児童，学校にとってN先生の役目，存在がいかに大きいか，お伝えして支援していきましょう。また日々彼らを見ているN先生の情報は非常に貴重です。情報源としてもN先生はとても有効であることも合わせて伝え，3人の状態，とくに刺激となっている要因を探りましょう。

また，担任，管理職との連携も大切です。教室外に出ていることか

ら，担任の手が回らず，管理職や学年主任，隣のクラスの担任，養護教諭の対応も必要だからです。学校全体，学年全体での校内委員会，ケース会議，検討会が必要な事例と言えるでしょう。学校が後手に回っている場合，SCがケース会議を提唱する必要があります。

ケース会議では，3人の児童の対応や指導の方向性，役割分担，居場所の確保とそのルール等を決めていくのがよいでしょう。教室外に出てしまうケース，しかも複数の児童がかかわっているケースではSCとしても単純に面接をすればよい，担任が指導をすればよい，ということにはなりません。もし，学校側が役割分担や方針をしっかり決め，その一環としてSCに個別面接を頼んできた場合はよいのですが，困っているから面接して，というのは，このような事例ではあまり効果がないと思います。

そこで，まず方針です。教室にいられない児童を基本的にどうするか。教室内にいられるように各自の特性に合わせた合理的配慮をする，本人たちの気持ちをカウンセリングで聴く，トークンのような行動療法的な対応，などが案として出てきます。しかし，何度も書いていますが，複数の児童が組んで遊んでいる場合，お互いに誘い合いや刺激し合いがあり，気も大きくなるので，個人への対応ではあまり意味がないことが多いです。そこで，方向性も，集団としての3人組をどうするか，になります。この，学校としての方向性がしっかりしていないと，担任，支援員，管理職，SC等々がばらばらの対応をしてしまい，子どもたちは混乱したり，甘い優しい先生の言ったことやしたことを盾にして自己主張し，ますます無秩序となります。たとえば，廊下に出るのはやむを得ないと認めるとしても校庭は許さないとか，空き教室を居場所とするがそれ以外で遊んだり大声を出すことは禁止するとかですね。

つまり，基本的な方針はルールと一緒になっていきます。決まったルールは受容的な支援員やSCも徹底して守るように取り決めます。本人たちとその保護者にもしっかり伝えます。それは担任か管理職の役目でしょう。そのうえで各支援者の役割を決めます。担任

は授業を回すことが中心になると思うので，教室に戻ってきたらほめて授業に参加できるよう配慮する，支援員は廊下や居場所で共に過ごす，SCは時間枠を決めて心理面接，管理職は学年の教員や支援員がいないときの対応，養護教諭は居場所が使えないときに保健室で対応，等々でしょうか。現在，N先生に負担が集中している可能性もあるので，役割分はは重要です。

このような方針，ルール，役割分担を決めないで教室外に出る児童の対応をしていると，学校側も子どもたちもストレスがたまる割に意味がない対応になります。おそらくN先生がつらい気持ちになっているのもそれが大きい。支援員として教室に入れない子へ共感したり優しく受容的に接しつつ，時には教室に戻るようううながしたりタブレットのやりすぎを注意しますが，それは果たしてやるべきことなのか，それとも受容して自由に過ごさせるべきなのか。常識的には注意すべきだけど，その注意は通らない…どうすべきかわかりませんよね。子どもたちは，当然のように教室外にいますしタブレットも自由に使っていますから，注意されれば反発します。N先生はいつも優しいのにどうして急にそういうこと言うの，と。

そこで，支援員さんにも，指導の根拠としての方針とルールが必要です。支援員さん個人の押しつけや指導ではなく，3人の児童には，学校全体が断固としてそのルールを守ってもらうという定義が必要です。支援員さんもSCもその方針の元で接していくわけですね。SCの役割は，やはり相談室での個別対応がよいでしょう。3人まとめてでなく，1人ずつ面接することで各自の状況や状態，事情を理解することもできるし，個別の対応をしていくことができます。

なお，不登校やこのようなケースの増加を踏まえ，各教育委員会が校内適応指導教室の設置を始めています。しかし，この校内適応指導教室も，上記したようなポイントをなあなあにして開始すると無秩序，カオスになることが予想されます。心理の専門家として，SCも積極的に提案していきましょう。特に校内適応指導教室を，教室に入れない児童・生徒の居場所だよ，とだけ定義すると，何をして

もOKということになります。だって居場所としか決めてないんだから。子どもも,そう聞いてタブレット三昧やキャッチボールやその部屋から飛び出して鬼ごっこしていたら怒られたとか,タブレットの時間制限された,という理不尽を味わうことになります。最初に校内適応指導教室や居場所の方針とルールをしっかり決めて,学校全体,支援員さんやSCも含めて共通理解することですね。

そして居場所をリラックスして過ごせる場所として定義したら,タブレット三昧や遊び三昧も認めること。あるいは個別の遊びや過ごし方のルールを細かく決めることです。ただし,後から,これもダメ,これも制限,これもやらない,と続くと,これもまた子どもたちは理不尽さを感じうんざりします。最初が肝心ですね。この架空事例のように,徐々に乱れていった場合は,再定義というか新たに設定しきちんと児童と保護者に伝え,今後はこの方針とルールでいくと宣言します。現状を鑑み,教室復帰をうながさない,居場所でよい,自由に過ごしてよい,という方針,ルールでいくのであれば,それも各支援者に伝達します。タブレットを何時間やっていても,まったく学習しなくても,それを注意,指導する必要はなく授業への誘いもしなくてよい,する場合も児童・生徒の気持ちのほうを尊重する,と各支援者で共有するのです。ただし,暴力や危険を伴う事態のときは止めたり注意することもあるので,その点も議論し子どもたちにも伝えます。

さらに,他の児童・生徒への説明も話し合っておきます。疑問に思ったり自分も行きたい,利用したいというときに,どう説明するか。利用の手続きやルールも決めましょう。教室と居場所を誰でも自由に出入りしてよいのか,給食は自分で取りに行くのか,運動会や修学旅行のときはどうするか,と,クラスとの連携や関係が生じるときは,他の子どもたちとの関わりも出てきます。

さて,このようなケースは学校側が疲弊するケースなのですが,子どもの自然な成長と共に,あるいは学年が改まると解消することも多いです。個人的な事情や特性がある子は別ですが,影響を受けた

りあおられている子が徐々に教室復帰や授業を受けるようになっていくので、しばらく耐え続けることも必要です。その点も踏まえて、方針やルールは子どもにとっても学校にとっても無理のないものにするように提案しましょう。個別な事情のある子の見立てはSCの役目ですが、集団でいるとわかりにくいこともあります。問題行動が収まっていく子が出てきたら、SCは事情や特性がある子の対応に注力できます。

5．架空事例⑮

- O先生：中学2年の学年主任
- 主訴：個別面接の中止の要請とSC不信
- 来談経緯：中学2年生の生徒がクラスメイトとうまくいかないと昼休みに来談した。継続相談しているうち、2年生の学年主任であるO先生に話しかけられ、その生徒が昼休みに相談に行くことでクラスメイトの噂になっているので、相談を中止してほしいと求められた。とっさのことで戸惑って、あいまいに返答してしまった。

　元々SCがあいさつしてもO先生からは無視されているように感じており、また2年生の情報はSCにあまり伝えられないことが多かったため、SCもO先生に不信感があった。養護教諭に相談して得た情報だと、O先生は担任と学年が生徒の対応をすべきという考えで、SCについて有効性を認めていない。前任者にもそうだった。週1しか来ないSCに生徒のことがわかるわけがないとも言っていたそう。O先生が顧問を務める部活は全国大会出場の常連で、同僚や管理職からも一目置かれていて、周囲はあまり意見を言えないとのこと。

　面接している生徒本人にさりげなく確認したところ、相談を続けたいという希望。クラスでの噂も認識しておらず、養護教諭や担任からもそのような情報はない。そのためSCから学年主

任に，本人の相談希望もあり面接が有効な支援になる可能性が高いため継続するつもりであると伝えたところ，反論され，SCも感情的に言い返してしまった。その後もO先生と口をきけない状況が続いた。

〈解説〉

児童・生徒面接の事例（第6章）と同様に，最後にうまくいかない，難しい架空事例を想定してみました。連携は重要，大切，というお話は本書でもしてきましたし，他の本や新聞，他の先生方も述べられています。約30年にわたるSCの活動，存在も浸透しています。それでもSCへの疑問や独特な価値観のある先生，学校もあります。この架空事例では，学年主任のベテラン教員と対立してしまったので，今後活動がしにくい。特に連携の必要なケースが難しくなります。今後の対応ですが，管理職や養護教諭，特別支援コーディネーター等のキーパーソン教員に正直に状況を伝え相談すべきでしょう。ただし，O先生が管理職からも一目置かれている場合もあるので，相談時はなるべく客観的に述べ，O先生を非難したり自分を正当化する言い方はしない方がよいと思います。困った事態であること，自分だけではどうしたらよいかわからないこと，自分も最初に報連相が少なかったことや感情的に言ってしまった点も伝える。

そこで今後の生徒対応や学年，O先生との関わりについて相談していきます。それによってどうするかがかなり変わってくるでしょう。管理職等立ち合いのもとO先生と話し合う，生徒へのSCの支援が滞らないよう養護教諭が申し込みの窓口となる，SCからの報連相は担任や養護教諭や管理職に限定しO先生にはそちらから伝えてもらう，他の先生方とは良好な関係を続ける，O先生の変化は期待できなくてもSCの意味・意義について職員研修を行う，等でしょうか。

この架空事例を振りかえってみると，最初にいくつかできたことがあるようにも思います。生徒に許可をとったうえで，相談の最初

からO先生に情報共有をもっとしておくべきだったかもしれません。SC制度，SCそのものを理解してもらうことは難しそうですが，個人として評価や信頼を得ることは可能かもしれません。制度としてのSCは信用できないが，あのSCは評価できる，みたいに。また，SCが感情的に反応しないようにするため自己分析やセルフケアを実施，SVや教育分析，コンサルテーションで他の心理士に支えてもらう，といった対応は必要だったかもしれませんね。

この架空事例では，SCの立場から書いていますので，O先生のSCへの不信や態度が原因のようになっていますが，構成主義やルビンの壺を持ち出すまでもなく，人により，立場により，また各人の思いにより事実は異なります。もしかしたらO先生の言い分や考えに合理性や正当性があるかもしれません。ただそれがわからないまま，このような関係を続けるのはつらいものがありますね。

また，ある先生個人がSCに反対の立場なのではなく，管理職や学校全体がそうなっていると，もうSC個人の力ではどうしようもないと思います。教育委員会への相談や地域のSC会，ベテランSCへの相談が必要となるでしょう。「はじめに」で述べたように30年の中で，SC活動自体は認知され意義も認められてきているので，そのような例は少ないと思います（期待します）が。

なお，今回の架空事例は校内の連携の例を作成しましたが，外部との連携の困難やミスもあると思います。よくあるのは，知能検査をめぐってですね。SCが保護者に知能検査をとることを勧め，外部の公的教育相談や医療にその依頼をすると，ちょっとまて，となります。知能検査が必要か否かも含めた見立てや診断を，外部の機関も行いますので，最初から知能検査を前提につながないようにしましょう。保護者や本人から検査について言われたときも，「その気持ちも外部機関で話してみて」「検査が有効かもしれない。外部機関と相談してみて」といった表現で，とること確定のような言い回しは避けましょう。また，虐待や精神疾患で連携しても，外部機関が動いてくれない，見守り・様子見しかしないといったこともありま

す。その場合も外部機関の見立てを批判し否定するのではなく，学校での様子を伝えていきましょう。緊急を要する，重大事態，と判断した場合，SCからではなく管理職から外部機関に伝えてもらうことも有効です。

第9章

最後に
—— SC に必要なパーソナリティあるいは姿勢

　最後に，私の主観的なものですが，SC に求められる，あるいは望ましい要素を述べます。まあ，"ぼくの考えた最強の SC"（笑）くらいの感覚で受けとってください。私もこれらの要素をすべて持っているというわけではないですし。

- ユーモア感覚（子どもとふざけられる。過酷な学校現場のストレスに直撃されず，あえて笑える）
- アニメやゲーム，推し活，YouTube 等に付き合える（最近の価値観に適応できる）
- 腹黒さ（学校に表面上合わせつつ，裏技使える）
- トリックスター（いたずらっ子，独立性）
- 合理性（雑務に対して，職場の人間関係，臨床上も含め）
- 妥協する勇気，覚悟がある
- SC の限界を覚悟し，それに落ち込まない（落ち込みすぎない）
- 子どもあるいは子どもの成長と子育てしている保護者，教員に対する敬意，畏怖

　ユーモア感覚とは，子どもと遊べる，ふざけられる感覚ですね。さらに子どものさりげない言葉や話，仕草，行動に温かく笑えることもユーモア感覚に入ると思います。また，アニメやゲーム，推し活，YouTuber 等々，最新の子どもの文化や価値観になじめることも大切です。過酷な学校現場のストレスに直撃されずに，かわせること

第9章 最後に──SCに必要なパーソナリティあるいは姿勢

も重要です。SC勤務が過酷でなくても，先生方の激務を見ているだけでもつらいことがあります。その辺のストレスを笑って，まではいかなくても，余裕をもって受け止め，勤務終了時には忘れられるようなストレス対処法が必要です。

あとは，腹黒さ。いや，あえて悪い表現しましたが，そういう世渡りのうまさやまじめにならない要素もストレス対処として必要です。学校がうまく回っているとは限りません。不登校や発達障害，現代の子どもたちの困難さへの理解が少なく，SC活動への理解も少ないこともあります。そういう学校に表面上合わせつつ，裏技で子ども第一の支援，心理臨床に基づいた活動をする，という腹黒さが子どもたちのためになります。で，トリックスターですね。これ文化人類学の用語ですが，臨床心理学では河合隼雄先生やユング派の人が使っていますね。いたずらっ子，破壊と創造をつかさどるいたずら好きな神様や妖精のことです。破壊の要素が強いと学校を混乱させたり，低く評価されてSC契約更新できなくなったりもしますが，ちょっといたずら者として学校の秩序から少しずれて独立を保ちつつ，学校や児童・生徒，保護者の役に立つというトリックスター性があるとよいように思います。

それと，合理性。「第1部　スクールカウンセラーの雑務」でお話ししたように，合理的に片づけられる仕事は優先順位や隙間時間を有効に使えること，それがストレスや過労の低減になります。また合理性は人間関係の面でも必要かもしれません。SCはチーム学校とはいえ，外部性がありますし，週1〜月1回しか同じ学校に行かないので，教員同士のチームワークに比べると，寂しさもあります。その辺ドライに，教員の人間関係に巻き込まれないで合理的に考えるほうがよいでしょう。あとは，病院臨床や開業臨床と比較しても自分のカウンセリングの力だけでどうしようもできない事例って多いんですよね。そこを割り切る合理性や，妥協やSCの限界に対する覚悟や勇気をもつこと。

そして気にしすぎない，落ち込みすぎないようにしましょう。自

第9章 最後に──SC に必要なパーソナリティあるいは姿勢

分の思い描く臨床があって妥協ができない人は，SC より研究者や開業のほうが向いているかもしれません。自分の理想があって，失敗やふがいなさに傷つくことでさらに成長していくことは臨床家としては必要なパーソナリティでしょう。しかし落ち込みすぎ，傷つきすぎないよう自分の心をケアすることも意識しましょう。そして，自分が関わる人たちへの敬意と畏怖。子どもって本当にかわいい，同時に，すごい腹立ちます（笑）。そして，想像を超えた成長をする。こちらがうなるような深い哲学をもっている。笑いつつ感心しつつ驚愕します。それは畏怖という言葉しかないですね。ときどき，自分が相手にしているのは小さな妖怪，妖精，神様なのではないかと感じるときがあります。また本文中でも繰り返しましたが，親と教師は今本当に大変。すごい仕事です。そのこともしっかり心に留めておきたいですね。

　それでは講義を終わります。ご清聴（ご精読）ありがとうございました。

第10章

質疑応答

＊ここでは，セミナー当日に参加者からいただいた質問をいくつか記載します（質問者の氏名は匿名，掲載の許可を本人からとっています）。

Q1：名刺は必要でしょうか？
A1：SCの活動のみということでしたら，いらないです。児童・生徒，保護者には渡さないですし，管理職には緊急連絡先を伝えればよいでしょう。名札と名札入れは学校で用意してもらいたいですが，ない場合や学校が用意してくれたもので名前の表示が漢字のみの場合，自作してもよいでしょう。名札入れは引っ張られたときに外れるものがよいです。

Q2：現役教員でこれからSC目指しています。研修はどのようなものを受けたらよいでしょうか？
A2：基本的な面接技法は知っておいたほうがよいので，まずはそれからですね。クライエント中心療法の傾聴，受容，共感は基礎です。次は認知行動療法を学び，合わせてセミナーで紹介した表現技法や身体技法に進む。発達障害についての理解も必須です。人間の深く複雑な心理の理解として深層心理学も。子どもの訳が分からない行動や状態も深層心理学の観点からだと理解できることがあります。学校や親子，クラスといった集団の心理を扱うためには，家族療法やエンカウンターグループの研修も良いと思います。エンカウンターグループは教員の方は経験済み，得意かもしれませんね。逆に，この中で教員の方が一

番縁がなかったのが，深層心理学だと思います。フロイトやユングですね。でも，SCをやるなら，やはりここを学んで理解しないといけない。理由はちょっと長くなりますがお話しします。

SCというかカウンセラーや心理療法家が他の専門家や職業と一番異なるところは，自己理解の重要性だと思うんです。それは逆転移の問題です。これにある程度対応できる，そして利用すらできるのが心理支援の専門家なのだと思うんです。逆転移にある程度気づいて巻き込まれないためには，やはり深層心理学の知識は必要です。防衛機制の知識と自分の傾向は把握しておきましょう。認知の偏りも知っておく必要がありますが，防衛機制は他者との関わりで活性化するので，児童・生徒，保護者との関係にかなり重要な影響を与えます。

また，自己理解という時の自己というのは，いくつか要素があります。まず，今言った防衛機制や逆転移，認知の偏りは個人の特徴の理解です。次にそれまで職業としていた教員の特徴もとらえないといけない。教員としての常識や認識も内面化されアイデンティティの一部になっている場合があります。教員はどうしても指導や教える傾向があります。その前提には，子どもを正しい方向に導くという価値観がありますよね。その自己の認識をある程度理解しそれからある程度自由になっていないとならない。

さらに，カウンセラーは常識から出ないといけないときがあります。それは自分の常識でもあるし，社会的な常識でもあります。時代精神や公的な価値観の偏りからもある程度自由になっておかないといけない。不登校も学校に戻ることがよいこととは限らない，ゲーム依存も必要なのかもしれない，暴力にも意味があるのかもしれない，そういったゆらぎや柔軟性を持ちつつ，それでも心理の専門家として，大人として，ゆるがないものも持っていないといけない。そういう自分のスタンスを作

るには，個人的な認知や体験，防衛機制と同時に，受けてきた教育や社会の常識やモラルといった個人を超えたものも分析し，とらわれないよう距離をとる必要がある。それには，深層心理学の無意識や自我や超自我，普遍的無意識等の理論が参考になるのです。特に高齢になってからSCを目指す方，管理職や主任経験者の方は，自己分析し自分自身から自由になることを心がけてください。それには，教育分析を受けることが一番でしょう。深層心理学でなくても，認知行動療法も身体技法も表現技法も，自分がクライエントとしてカウンセリングを受けておくか，研修をしっかり受けておく必要があります。

Q3：私の自治体の勤務では配置的に月1回以下しか行けません。それでも規模の大きい学校もあります。自分の勤務をどう使うか，どう調整するか悩んでいます。

A3：そういう勤務体制の場合，個別面接よりコンサルタントの役割となるでしょう。担任や支援に関わる先生，管理職への助言やコンサルテーションの要素が強くなる。学校の方針に従って動くのがSCの原則なので，まず学校の考えを確認しましょう。どういう業務がメインになりますか？　どういう活動を望まれますか？　と要望を管理職に聞く。キーパーソンが教えてくれるのも参考に。もしかしたら20分くらいの面接が小刻みにばーっと入るとかもありますね。時間の短い面接もやはりコンサルテーション的なものとなるでしょう。

Q4：上手な情報共有について知りたいです。どうしても教員は授業終わってからでないと話せず，待っていると残業になってしまいます。どうしたらよいでしょう？

A4：授業後も中学の先生は部活に行ってしまうということもありますよね。どうしても担任や関係の先生に会えないときは，学年主任に伝えるのがよいでしょう。学年主任もいなかったら隣

第 10 章　質疑応答

のクラスの先生に話して，伝えていただけるようお願いする。最後の手段はメモですね。マル秘とかほかの方に見せないとか先生の手でシュレッダーしてとかも書いて，絶対に学校関係者以外に見られないよう，風とかで飛ばないよう配慮して先生の机上へ。緊急事態はメモではダメだけど，面接の報告くらいならそれでいきましょう。いじめや緊急事態のときは，残業はやむを得ないですね。

Q5：SC の個別面接の仕事って最初はどう始まりますか？
A5：まずは前任者からの引き継ぎですね。前任者から「電話してあげてください」とか，「○○さんは引き続き呼んで面接してください」等がある場合，その面接からでしょう。キーパーソン教員から児童・生徒を紹介されることも多いです。直接の申し込みとしては，すでに初日に留守電がピカピカしてることも。前年から利用していた保護者がメッセージを残していることもあります。次は，昨年度に自由来室してた子がまた来る，個別対応していた子が自由来室で来るといった休み時間に児童・生徒と関わることから始まる場合もあります。お便り発行後には，保護者が知って電話申し込み来たりします。

Q6：SC は「先生」と呼ばれますか？　また自分のことを「先生」と言いますか？　教員以外の支援員さん，SSW も「先生」と呼ばれているのでしょうか？
A6：教員からは「さん」で呼ばれることがあります。子どもからは経験上「先生」と呼ばれることが多いですね。威勢の良い子からは，呼び捨て，あだ名でいきなり呼ばれることもあります（笑）。自分からどうするかですが，私は相手に合わせています。「先生」と呼んで来たら自分でも「田多井先生はね……」。「さん」で呼ばれたら「田多井さんとしてはこう思うけど……」とか。廊下等で教員がそばにいると，「先生と呼びなさい」と子

どもを指導することもあります。そこではまあまあで流しておいて，個別面接で二人きりのときは呼び捨てでいいよ，とすることも。支援員さん，SSW も似ていますね。「さん」「先生」と呼ばれることが多い。まあ自然な流れでよいのではないでしょうか。

Q7：電話についてですが，SC が直接電話できず，担任やキーパーソン教員が SC と保護者の間に入ることがありますが，SC の独立性は保てるでしょうか？

A7：学校や教育委員会の方針によりますね。SC の独立性を求めていない場合もあります。それに合わせていくしかない。そのうえで独立した個別面接できるか，コンサルタント役をメインにするしかないのかが決まっていきます。SC の独立性についてのメリットを学校側に伝えていくことから始めることになるかもしれません。

Q8：引き継ぎされたケースで，前提として引き継いでいることを相談者に伝えていいのでしょうか？

A8：守秘義務はありますが，前任，後任 SC 同士での共有はその例外に当てはまるでしょう。むしろ，児童・生徒，保護者からは共有されていないことに不満や不信感を抱かれることもあります。本来は前任者が，引き継ぎの許可を得るべきでしょう。まずはその許可をとっているか前任者に聞く。前任者が許可を得ていなかったり，文章等で引き継いで会えない場合は，面接時に児童・生徒，保護者には SC 同士で簡単に情報共有していますと伝えましょう。注意点として，障害名や病名は正式な診断か，前任 SC の見立てか確認しておくことです。またそれが本人や保護者に認識されているかも重要な確認事項です。面接や対応の方法，技法は自分の判断でやっていきましょう。SC が変われば雰囲気や手法が変わるのは当たり前です。自分のや

り方でよいです。しかしその違いで相談者が戸惑うことへの配慮もしていきます。

Q9：臨床技法で，学んだ記憶はあるものも，名前しか知らないものもあります。どういうときに使いこなせた，身に着いたという感覚になりますか？

A9：自分も十分に研修や経験がない理論や技法は，正直に「私もこの前本で読んだけど」とか，「最新の心理学理論だとこう。きみもそうなんじゃない？」「試してみようよ」「呼吸はリラックスする方法があると言われているからやってみようよ」とか言うことがあります。回数重ねていくと，身に着いた感じがしてきます。技法はやってみてうまくいった経験が大事だと思います。個人差があるので，一度うまくいった方法を常に使うべきではないですけどね。また適当にやるのではなく，見立ててやっていくことです。

Q10：教職員と話すうち，個人的にSCにカウンセリングしてほしいと頼まれた時は？

A10：私も何回か頼まれたときがあります。教職員個人の悩みを，というのは，SCの役割ではないはずです。コンサルテーションや助言とカウンセリングは違いますね。ただし，相談されたときに無碍に断るわけにもいきません。一回聞いて，見立てを伝えて，外部の病院や相談機関を勧めたり紹介するのがよいのではないでしょうか。

Q11：臨床技法での簡易的SSTを教えてください。通級指導教室に任せるものとSCやるものと検討とあるが，通級に加えてSCもやるべきでしょうか？

A11：通級と連携はとったほうがよいでしょう。そちらではどんなテーマでやっていますか？　グループか個別ですか？と，SCは

第 10 章　質疑応答

通級で扱っていないテーマで一対一で SC やれるものということになるので,連携は必要。ソーシャルストーリーズ™は自閉スペクトラム症にとても有効だけど,あまり通級でやっていないようです。SC のメリットとしては,実際に学校で起こった出来事に合わせて,個別ケースとして取り上げられることがあるので,スクールカウンセリングでも行う意義があります。通級では中長期的なテーマでやっていくことが多いので,その子の直近のことを取り上げて指導できるのは SC ができることかな。出勤時に先生から聞いて,たとえば「一昨日,友だち叩いちゃったんだって？」とすぐ扱えます。

Q12：保護者の負担の軽減のための具体的なレパートリーを知りたいのですが。
A12：今の子育てって非常に孤立しています。相談を続けるだけで負担軽減,お力になれると思う。共感,支持を続けるだけでも。不登校の場合,まったく学校行けないと,保護者も進路,人生どうなるという不安が強い。早い段階から不登校でも行ける学校があると伝えておくのは大切でしょう。保護者の復帰させたい気持ちに寄り添う必要もあるので,万が一復帰できなくても,という表現で。また,発達障害の場合,家を構造化することで保護者も楽になること多い。張り紙とかホワイトボード買って「すべきことカード」にして貼るとか,片付け等もその子の特性に合わせて場所にシールで色分け,とかを勧める。すぐに効果でなくても,アイデアひねり出していく SC の態度に保護者も安心・信頼していくかもしれません。まとめると,共感,励まし,未来への希望,発達特性に合わせた助言,が保護者の負担軽減になります。

Q13：私は進路の相談は未経験なのですが,情報提供する場合にネタを集め,うまく提供するにはどうしたらよいでしょう？

A13：進路は担任や保護者がやるべきことではあります。基本的には担任や進路指導の教員にリファーですが，SCも基本的なことは知っておきましょう。情報収集は，その学校でどのような進路実績があったのか，先生方に聞くのがよいです。まずは公立，私立でおおざっぱに分けるかな。そのエリアの不登校の子が進学した代表的なところを調べる。自分が関わっていた子が合格したら，3月の相談でその学校の入試情報は聞くとよいです。入試の面接で何を聞かれたとか。もし可能なら，入試問題をコピーさせてもらう。負担をおかけするけど，作文が入試の場合は，原稿用紙を渡して，当日どう書いたかの再現答案もお願いすることもしています。本人と保護者の許可を得て，来年度以降の不登校の子に，「作文はこういう風に書ければ受かるよ」と見せることができます。もちろん名前は出さず。

Q14：発達障害の可能性がある場合，どういう風に医療等勧めていくのがよいでしょう？　母親も不安がある場合どうしたら？
A14：発達障害という単語はこちらからは使えないです。「兄弟げんかにはこだわり強い性格でぶつかっていますね」とか，「視覚優位でゲームに惹きつけられるかもしれませんね」とか，お母さんの主訴に特性をつなげてみる。困り感が発達特性からというか，性格とか生まれつきの特徴とかから起こっていると伝える。あとはたとえば，ゲーム依存という保護者の言う困り感で医療を勧めるとか。SCや担任が発達特性と思っていても，医療に行って医師がそうでないと言った場合，我々がその言葉を使うことはできないですね。性格やその子の特徴として伝えていく。保護者の困り感と特性をつなげて理解してもらえれば，発達障害を診てくれる医療機関を勧めることもできるかもしれません。保護者も発達障害について知っていて，「それは発達障害ということですか？」と聞いてきたときは勝負所で，「わかりませんがその可能性もあるので，医療へ」と言うかな。そ

こでドギマギしたら信頼を失うこともあります。「心理士(師)なので,診断できないので,医療へ」といった内容を落ち着いて伝える。

Q15：保護者とも児童・生徒ともなかなか直接会えない場合,どう支えたらよいでしょう？ 学校から対応を求められるが手をこまねいてしまう。子どもは接触拒否。担任からの電話も保護者がときどき出るだけというケースがあります。

A15：そういったケースはSC単独では難しい。学校と連携をとり,SCがどういう役割か検討しましょう。福祉も必要かもしれません。SCは一部の役割しかできないです。もし担任や福祉の人等でつながれる人がいたら,そのコンサルテーションがSCの役割かもしれないです。電話している担任を支えるとか。福祉入れるという発想が学校になかった場合,こちらから提案することも必要です。あとは,便せん1枚程度でよいので,お手紙を書くという方法もあります。

Q16：リファーで迷うことが多く,たとえば不安が強いや衝動性が高い場合,環境調整や学校内でできることもあるが,どういうときには医療の協力が必要でしょうか？ ケースバイケースだとは思うのですが,田多井先生の場合はこういうときはこっちというのがあれば教えてほしい。SCだけで対応か,自治体の教育相談にリファーするべきか迷うこともあります。

A16：校内のみの環境調整や対応は,リファーする・しないに関係なく,児童・生徒が落ち着くようならするべきですね。それで落ち着いた場合も,学校,担任が変わったらどうなるか,卒業後,大人になったら,と考え,医療につながっていたほうがよいかどうか検討します。これからのことも考えたら,診断やお薬や医療の対応,長年にわたる支援が必要,と判断したなら,やはり医療は勧めます。保護者や本人にもそう伝えます。公的な教

育相談機関を勧めた方がよい場合もあります。まずは学校の敷地に来れず相談に来れないときですね。次は将来的に適応指導教室利用とか転校を考えているとか，福祉の利用を考えるとかは，教育相談室の担当者が詳しかったり，就学支援委員会と同じ建物にあるとかがあるので，つながっておくと便利かもしれないです。あとは保護者の不安が強いとき，SCだけでは耐えられずもう一カ所行きたいとかの場合ですね。夏休み等の長期休みでも相談に通えるのも教育相談のメリットです。

Q17：集団守秘義務の範囲が難しいです。日報にもどこまで書くかも迷う。たとえば子どもについてでなく，夫婦の関係性とかの話が出た場合は？

A17：児童・生徒のこと，その家庭も含め詳しく知ろうとしてくれる先生はありがたい。できれば共有は積極的にしたいですね。もし夫婦の関係が子どもに影響しているようなら，相談者に許可を得てから伝えるべきでしょう。子どもの状態の判断材料になるので。ただ，雑談のようだったり，愚痴の範囲なら伝えなくてもいいでしょう。日報は，自治体によって形式が違います。報告書のスペースというか文字数が１，２行程度の報告なら，本質的な部分のみ書くしかない。児童・生徒の名前書いてと言われることもあるし個人名を書かないこともあります。日報には簡潔に，管理職や担任には，直接しっかり話す，が良いと思います。

Q18：心理的虐待の通報についてですが，命の危険がなくひどくなっていないケースで，本人が拒否したり，報復等で悪化が予想されるときの通報の判断はどうしていますか？

A18：子どもにとって一番良いのは何だろうという判断を中心にします。ここで通報したら報復の恐れや大人不信になってしまうという判断があるなら，通報しても児童相談所にはまだ具体的

には動いてもらわない,という方法があります。家庭でなく学校に来てもらってそこで子どもと会ってもらう方法もとれるはずです。そういった対応のうちに子どもの気持ちが変わって,通報や親へのアプローチに OK していくこともありえます。心理的虐待だと,学校全体で子どもを支えていくとすごく成長することもある。通報でなく先生や SC への信頼を育てるという方法がよいときもあります。そうなると先生や SC といった大人を信頼しているので,卒業後でも,そこの機関に相談できる可能性が高まる。あとは,「あんな親の元でよくここまで成長したね」と,本人にあんな親と言うかどうかは別にして,エンパワーメントしてあげることも有効かもしれません。

Q19:先生が不登校を助長しているケースがあります。つらそうな生徒に別室登校や時短での登校を提案しても,担任が「自分が変わろうとしないから」などと言ってしまい,最終的に不登校になった。担任の説得が難しかったです。

A19:できるなら,親から依頼してもらうという方法があります。SC から保護者に提案し,保護者から正式な依頼として別室登校等の支援要請をしてもらうという戦略をとるかな。それでも保護者に「そんな対応じゃダメ」みたいなことを言う強烈な先生もいますよね。あとできることは,校内の味方作り。養護教諭やコーディネーターにまずはあいまいに話し,同じ意見を持ってくれそうなら,SC の味方を増やして,他の教員から担任に働きかけるみたいな。保護者からの要請依頼という戦略をとるなら,その要請が現状の学校で実現可能か,合理的なものであるかの判断を先にしてから提案しましょう。

Q20:小学校で,不登校や多動・衝動的で教室にいられない児童のために空き教室を居場所にしています。そこに来る児童が王様的というか,支援員さんや SC にかなりわがままを言って,給

食も取りに行かせるし学習もまったくしません。指導すると暴言，見続けているタブレットを没収したときには暴力になります。どうしたらよいでしょうか？

A20：校内適応指導教室というものですね。それは最初の設定を失敗した状態でしょう。その教室の目的，コンセプトはなんでしょうか？　居場所だよ，とのみ児童に伝えて開始したなら，学習しない，タブレット見続けるのは，それでいいんです。だって居場所なんだから。後から急に「勉強しなさい」「タブレットは長時間ダメ」「せめて給食は自分で取りに行きなさい」とやるのは，大人が悪い。本書でお伝えした，相談室の最初にルールを決めるというのは，校内適応指導教室でも同様です。児童の方からしてくる暴力や暴言，授業妨害というのは，常識として指導する必要はありますが，大人が誘発しないようにしましょう。ルールや目的を最初に設定していないなら居場所教室での過ごし方は自由にするしかないですね。でもそれがやはりよろしくないと学内で話し合われたなら，教職員でその教室の目的やルールを周知したうえで，立て直しについて児童を含めて話し合ってみてください。そして決まったら，支援員さんもSCも揺るがず守ること。逆に，児童にルール以上の負担を与えることもやめること。来年度は最初からルールやコンセプトを伝えてから開始しましょう。

あとがき

「はじめに」にも書きましたが,本書は2021〜2024年に開催された,メディカルリクルーティング主催の3つのオンラインセミナーの内容をまとめたものです。なるべく,当時のセミナーの雰囲気が出てセミナーを受けているような気持ちになるよう,また読みやすくすっと入るように,口語体の文体で執筆いたしました。読者の皆様にその点感じていただき,わかりやすい本になっていたら幸いです。

さて,令和6年度に向けて,東京都スクールカウンセラーの会計年度職員の制度にて,4回更新した中堅〜ベテランのSCが採用面接を受けることになりました。継続勤務を希望する中で250人が雇止めとなったそうです(「非正規スクールカウンセラー　都が雇い止め250人」『東京新聞』朝刊　2024年3月6日1面)。

SCを取り巻く状況は決して甘くありません。安泰な職業というわけではないのです。産経ニュースの記事(「はじめに」)のようにSCの数が増えているのに不登校が減っていないという指摘がありました。我々は不登校の数を減らすためだけに仕事をしているわけではありません。でも,社会で働く多くの人たち,そして公的な予算を組む人たちは,自分自身も数字で評価されているし,仕事の有効性や意義を数字での判断で行っています。SCがいくら増えても不登校やその他の問題の数が減っていないとなると,SCの実力不足なんじゃないか,あるいはSCの技法や手段は間違っているのではないか,という意見が今後もっと出てくるかもしれません。なので,我々はいくらベテランになっても,日々知識や技法や発想をブラッシュアップしていかないと,SCとしてやっていくのもきびしいし,SCの価値自体が認められなくなる未来がくるのではないで

あとがき

しょうか。我々はこれからも書籍，論文，学会，研修会，SV 等々で，学んでいかないといけないと強く思います。

同時に，SC 同士の団結というか，我々のやっていることは無駄ではない，数字に出なくてもこういう点で価値がありますとか，このような扱いは無体ではありませんか，という主張をするための結束やチームワークも必要ではないかと思います。

本書を手にしていただいた皆様は，SC として児童・生徒，保護者，教職員，学校教育，地域社会のためにいかに役立ち貢献できるかという熱意と問題意識を持つ，あるいは SC 活動をいかに進化発展させていけるか，奮闘している方々であるかと存じます。今後もともによりよい SC を目指して，がんばっていきましょう！

最後になりましたが，セミナーのご提案をいただいた（株）メディカルリクルーティングの代表取締役 本田勝人様，事務手続き・連絡等でお世話になった同経営企画部 佐藤尚子様，臨床心理士として企画や司会進行はじめさまざまなサポートをしていただいた青木正平先生に心より感謝申し上げます。

またよりよき SC を目指して共に学んだ 3 つのセミナー参加者の皆様には，感謝に堪えません。一応は私が講師ということでしたが，皆様からのご意見，ご質問，ブレイクアウトセッションでの話し合いでは，私も大変勉強させていただき，視野，知識の広がりを得ることができました。

また遠見書房の山内俊介社長には，前作に引き続き大変お世話になりました。

皆様のおかげをもちまして，本書は無事完成いたしました。本当にありがとうございました。

> 令和 6 年 6 月　災害，戦争，病，格差，気候変動の中で，苦しみながらも力強く優しく生きる子どもたちと保護者たち，教職員への畏敬の念と共に。

索　引

A～Z

AD/HD　113, 121, 137
DV　45, 46, 58-60, 69, 123, 137-141
DV センター　58
How で聞く　78, 79
SC（相談室）だより　6, 24, 27-29, 32, 38, 42, 51, 128
SNS　3, 4, 50, 55, 70, 116, 156
SNS トラブル　55
SST（ソーシャル・スキル・トレーニング）　74-77, 87, 88, 94, 97, 111, 131, 175
　簡易的―　74-77, 87, 88, 94, 111, 131, 175
SV（スーパーヴィジョン）　6, 18, 20, 165
TEACCH　76, 77, 81, 88, 94, 97, 113, 136

あ

アサーション　76, 77, 87, 88, 94
アセスメント　44, 45, 49, 51, 52, 55, 61, 62, 68-73, 96
アンケート　4, 6, 33, 37
いじめ　18, 19, 50, 56, 61-64, 70, 72, 87, 91, 96, 152, 153, 173
一次支援　37
うつ　58, 62, 69, 78, 90, 102
上履き　21, 22, 49
援助希求　75, 76, 82, 140
援助を求める気持ち　57
エンパワーメント　180
オーバードーズ　78
オンライン　4, 5, 128, 132, 182

か

開業心理相談室　59
外在化　77, 79-82, 87, 103-105, 111, 117, 118
学力　61, 62, 95, 138, 141

索　引

可視化　77, 79, 81, 87, 117, 118
学級崩壊　54-56, 159
過敏性腸症候群　58
感覚過敏　70
環境調整　113, 115, 136, 149, 150, 178
管理職　4, 14, 17, 23, 24, 27-31, 34, 35, 38, 42, 46, 49, 50, 57, 59, 61, 62, 64, 71, 115, 154, 155, 157-161, 163-166, 170, 172, 179
管理職報告　61, 62
起案　21, 38, 61
キーパーソン教（職）員　29-31, 33, 35, 42, 44-51, 58, 164, 173, 174
危機対応　18, 20, 55, 140
聴くだけカウンセラー　74, 89
希死念慮　61
虐待　18, 19, 43, 48, 60-62, 64, 65, 69, 70, 83, 84, 98, 108, 138, 141, 142, 145, 146, 154, 155, 165, 179, 180
逆転移　18, 19, 20, 47, 171
教育虐待　48
教育分析　18, 20, 165, 172
起立性調節障害　58, 102
緊急対応　15, 16, 60

筋弛緩法　85, 94, 107, 119
勤務初日　20, 21, 23-25, 29, 31, 33, 48
グレーゾーン　110, 113
警察の少年課　58
ゲーム依存　128, 132, 171, 177
ゲームやネット依存　92
決裁　38, 61, 63
言語化　77, 82, 89, 126
研修　3-6, 15, 16, 18, 20, 27, 68, 85, 90, 164, 170, 172, 175
講演会　18, 20
構造化　37, 77, 81, 94, 113, 135, 136, 176
行動化　78, 85, 116
校内委員会　26, 142, 160
校内適応指導教室　161, 162, 181
校内分掌　30, 31
合理的配慮　37, 160
講話　15, 16
呼吸法　77, 83, 85, 86, 94, 119
こだわり　74, 109, 111, 129, 177
子ども家庭支援センター　58, 59, 62, 144, 146, 154
コンサルタント　172, 174
コンサルテーション　15, 16, 18, 35, 59, 72, 90, 126, 136, 141, 153, 155, 157, 165, 172, 175,

索　引

178
困難事例　125
コンパッション　87, 88

さ

作成物　33, 35, 36, 38, 41, 75
雑務　6, 13, 14, 17, 26, 29, 43, 51, 167, 168
支援員　31, 39, 44, 45, 59, 60, 62, 138, 158-162, 173, 174, 180, 181
支援シート　30, 33, 34, 44, 121, 138, 147, 158
視覚的構造化　94, 135
視覚的情報化　77
自己
　―肯定感　57, 111, 115
　―効力感　115
　―理解　75, 76, 82, 113, 115, 171
自殺企図　43, 61, 62
支持　74-77, 79, 87, 88, 93, 94, 103, 106, 107, 109, 112, 118, 124, 126, 131, 132, 134, 139, 143, 146, 150, 153, 155, 159, 176
自傷行為　20, 119, 120, 154

自傷他害　19, 39, 43, 61, 62
司書教諭　32
事前確認　95, 105, 134, 142
失敗事例　125
児童精神科　63, 71
児童相談所　48, 57-59, 62, 66, 71, 146, 154, 155, 179
児童養護施設　58, 59
自閉症スペクトラム　32, 69, 77, 81, 110, 113, 114, 133, 136, 137
事務職員　32, 35, 41
集団守秘義務　16, 60, 61, 63, 64, 102, 141, 143, 144, 179
自由来室　33, 39, 40, 42, 55, 173
授業観察　6, 28-30, 32, 33, 44, 45, 55, 73, 126, 151
主事　32, 41
守秘義務　16, 45, 46, 58, 60, 61, 63, 64, 71, 83, 86, 102, 116, 141, 143, 144, 153, 174, 179
小1プロブレム　54, 55
情報収集　23, 44-46, 47, 73, 95, 145, 177
女性センター　58, 139, 140
自律訓練法　85
心身症　58, 87
身体技法　5, 77, 85-87, 94, 107-

109, 119, 120, 170, 172
心理教育 74-77, 86-90, 92, 105, 117, 118, 131, 132, 134, 136, 141
心理的虐待 179, 180
心療内科 58, 59, 156
ストレス 4, 6, 14, 15, 18, 38, 56, 96, 141, 161, 167, 168
生活指導主任 31, 48, 59
生活指導部会 27, 28, 48, 121
精神科 47, 58, 59, 63, 69, 71, 156
世界理解 115
ソーシャルストーリーズ™ 76, 77, 88, 94, 111, 176

た

体罰 19, 123, 146, 158, 159
他害企図 61
多(他)職種(との)連携 6, 17, 58, 71, 153
タッピングタッチ 85, 94, 97, 119
多動・衝動性 85, 93, 109, 113, 115, 121
地域(の) SC 会 47, 48, 165
チーム学校 3, 20, 120, 168
知能検査 30, 33, 34, 44, 68, 69, 76, 77, 82, 88, 95, 114, 121, 133, 136, 165

心理・― 30
着任の準備 14
中1ギャップ 54, 55
通級 31, 32, 45, 46, 59, 76, 138, 175, 176
通級指導教室 31, 32, 45, 59, 175
適応指導教室 48, 58, 59, 71, 132, 161, 162, 179, 181
適応障害 58, 90
転移 45, 47, 69, 171
てんかん 58
投影 45, 47, 69
統合失調症 62
特別支援
 ―学級 24
 ―教室 23, 24, 29, 31, 32, 59
 ―教室専門員 29, 31, 32, 59
 ―コーディネーター 31, 32, 44, 59, 164
 ―シート 34, 121
飛び込み来談 54
トラウマ 47, 68, 69, 72, 79, 86, 87, 90, 91, 105-108, 120, 129, 151

な

内面の構造化 77

日報 28, 29, 33, 35, 49, 179
ネグレクト 88

は

発達障害 31, 37, 47, 48, 51, 57, 58, 63, 65-67, 70, 72, 76, 77, 81, 88, 90, 91, 94, 96-98, 129, 132, 136, 137, 168, 170, 176, 177
場面緘黙 82
反応性愛着障害 47, 108
引き継ぎ 23, 24, 30, 44, 49, 50, 56, 173, 174
非行 47, 48, 56, 58, 92, 93, 126, 154
描画法 77, 80, 82, 84, 104, 106, 118, 124
不注意 113
不適切(な)養育 108, 145, 154
不登校 3, 4, 19, 28, 29, 32, 39, 45, 50, 51, 55, 56, 58, 59, 67, 69, 72, 75, 83-85, 87, 91, 92, 101, 104-106, 108, 128, 130-132, 159, 161, 168, 171, 176, 177, 180, 182
文章化 49, 50, 57, 81, 111, 112, 114, 115

分離不安 55, 105, 108
防衛機制 68, 69, 171, 172
報告書 26, 29, 49, 50, 179
保護者見立て 90, 91
保護者面接 54, 87, 100, 123, 128, 131, 132, 136, 145
ポリヴェーガル理論 77, 86, 97, 108

ま

マインドフルネス 77, 83
見立て 15, 18, 20, 44, 57, 61, 62, 66-71, 73, 87, 88-93, 130, 131, 151, 155, 157, 163, 165, 166, 174, 175
メンタライゼーション 77, 78, 80, 86, 87, 96, 102-105, 107, 111, 116-118, 122
　—的アプローチ 77, 78

や

ヤングケアラー 48, 141
有意義な先入観 72
養護教諭 24, 28, 29, 31, 32, 42, 44, 51, 59, 64, 86, 116, 119, 120, 147, 154, 156, 157, 160,

索　引

　　　161, 163, 164, 180
様子を見ましょう　92, 93
予算　6, 33-35, 38, 81, 82, 182
予防　15, 16, 37
予約の取り方　39, 41
予約表　27, 33, 35, 39, 41, 42, 49

ら

ラジオ体操　85, 86
リストカット　78, 115, 116, 119, 120
リファー　18, 19, 59, 61-63, 65-69, 72, 119, 120, 139, 140, 145, 146, 152-156, 177, 178
療育機関　47, 48, 58, 59, 76
リラクセーション　77, 83, 86, 88
臨床業務　29, 53, 54, 58, 153
臨床動作法　85, 94
ルール　17, 33-42, 63, 111, 123, 135, 160-163, 181
連携　59

わ

ワンオペ育児　88, 94

著者略歴

田多井正彦(たたい・まさひこ)

しらかば心理相談室代表,東京都スクールカウンセラー,大妻女子大学講師。
長野県松本市生まれ,神奈川県横浜市育ち。公認心理師・臨床心理士。慶應義塾大学文学部人間関係学科人間科学専攻卒業。大手学習塾に入社。運営スタッフとして勤務したのち,臨床心理士を目指して退職。東洋英和女学院大学大学院人間科学研究科人間科学専攻臨床心理学領域修了。
大学時代にメンタルフレンドのボランティアを経験。その後も常に子どもたちと触れ合う職場で活動している。2019 年,「しらかば心理相談室」開室。合気道の心理療法への応用も実践,研究中。合氣道三段。
著書:『学校では教えないスクールカウンセラーの業務マニュアル──心理支援を支える表に出ない仕事のノウハウ』(遠見書房)

スクールカウンセラーの業務徹底解説セミナー
──着任準備から引き継ぎまで

2025 年 4 月 20 日　第 1 刷

著　者　田多井正彦(たたいまさひこ)
発行人　山内俊介
発行所　遠見書房

〒 181-0001 東京都三鷹市井の頭 2-28-16
株式会社　遠見書房
TEL 0422-26-6711　FAX 050-3488-3894
tomi@tomishobo.com　http://tomishobo.com
遠見書房の書店　https://tomishobo.stores.jp

印刷・製本　太平印刷社

ISBN978-4-86616-217-1　C3011
©Tatai Masahiko 2025
Printed in Japan

※心と社会の学術出版　遠見書房の本※

遠見書房

学校では教えない
スクールカウンセラーの業務マニュアル
心理支援を支える表に出ない仕事のノウハウ
(SC／しらかば心理相談室) 田多井正彦著
ブックレット：子どもの心と学校臨床
(4) SCの仕事が捗る1冊。「SCだより」
や研修会等で使えるイラスト198点つき（ダウンロード可）。2,200円, A5並

学校が求めるスクールカウンセラー 改訂版
アセスメントとコンサルテーションを中心に
村瀬嘉代子監修・東京学校臨床心理研究会編
ベテランたちによって書かれたスクールカウンセリングの実用書を大改訂!「アセスメント」と「コンサルテーション」をキーワードに、"学校が求めるSCの動き"を具体的に示す。3,520円, A5並

学校におけるトラウマ・インフォームド・ケア
SC・教職員のためのTIC導入に向けたガイド
卜部　明著
ブックレット：子どもの心と学校臨床
(9) ベテランSCによる学校のための「トラウマの理解に基づいた支援」導入のための手引。トラウマの理解によって学校臨床が豊かになる。1,870円, A5並

クラスで使える！　　　(DLデータつき)
アサーション授業プログラム
『ハッキリンで互いの気持ちをキャッチしよう』改訂版
　　竹田伸也・松尾理沙・大塚美菜子著
プレゼンソフト対応のダウンロードデータでだれでもアサーション・トレーニングが出来る! 2,970円, A5並

カウンセラー、元不登校の高校生たちと、
フリースクールをつくる。
学校に居づらい子どもたちが元気に賑わう集団づくり　　　　　野中浩一著
学校に「いる」ことが難しかった高校生たちが、やがて集団の中で笑いあい、人と積極的に関わるように……試行錯誤と希望の15年の軌跡。1,870円, 四六並

発達支援につながる臨床心理アセスメント
ロールシャッハ・テストと発達障害の理解
　　　　（中京大学教授）明翫光宜著
本書は、発達障害特性のあるクライエントを理解し、さらにその支援につなげるための心理アセスメント、発達検査、ロールシャッハ・テストについて詳しく解説し尽くした論文集。3,080円, A5並

チーム学校で子どもとコミュニティを支える
教師とSCのための学校臨床のリアルと対応
　　　（九州大学名誉教授）増田健太郎著
不登校・いじめ・学級崩壊・保護者のクレームなど、学校が抱える問題に教師やSCらがチーム学校で対応するための学校臨床の手引き。援助が楽になる関係者必読の一冊。3,080円, A5並

学校における自殺予防教育のすすめ方 [改訂版]
だれにでもこころが苦しいときがあるから
　　　　　窪田由紀・シャルマ直美編
痛ましく悲しい子どもの自殺。食い止めるには、予防のための啓発活動をやることが必須。本書は、学校の授業でできる自殺予防教育の手引き。資料を入れ替え、大改訂をしました。2,860円, A5並

思春期心性とサブカルチャー
現代の臨床現場から見えてくるもの
　　　　（島根大学教授）岩宮恵子著
子どもたちとの心理カウンセリングを重ねる中、話題に出てくる「サブカル」とその背景から見えてきた、いまどきの子どもたちの真の姿を思春期臨床の第一人者が読み解く一冊。1,980円, 四六並

学校でグループ・アプローチを活用する手引き
スクールカウンセラー・教職員のためのメソッド
　　相田信男監修／大橋良枝・梶本浩史編
ブックレット：子どもの心と学校臨床
(10) グループの力を学校臨床やクラス運営に! SC・学校教職員にに向けたグループ・アプローチの視点や方法を活用する手引き。2,420円, A5並

価格は税込です